Christine Wichert

Die Logik der Marke

Christine Wichert

Die Logik der Marke

Wie Sie systematisch
Markenhöchstleistungen erzielen

Bibliografische Information Der Deutschen Bibliothek
Die Deutsche Bibliothek verzeichnet diese Publikation in der Deutschen
Nationalbibliografie; detaillierte bibliografische Daten sind im Internet über
<http://dnb.ddb.de> abrufbar.

Dieser Ausgabe liegt ein Post-it® Beileger der Firma
3M Deutschland GmbH bei.
Wir bitten unsere Leserinnen und Leser um Beachtung.

1. Auflage 2005

Alle Rechte vorbehalten
© Betriebswirtschaftlicher Verlag Dr. Th. Gabler/GWV Fachverlage GmbH,
Wiesbaden 2005
softvcover reprint of the hardcover 1st edition 2005

Lektorat: Barbara Möller

Der Gabler Verlag ist ein Unternehmen von Springer Science+Business Media.
www.gabler.de

Das Werk einschließlich aller seiner Teile ist urheberrechtlich geschützt. Jede Verwertung außerhalb der engen Grenzen des Urheberrechtsgesetzes ist ohne Zustimmung des Verlags unzulässig und strafbar. Das gilt insbesondere für Vervielfältigungen, Übersetzungen, Mikroverfilmungen und die Einspeicherung und Verarbeitung in elektronischen Systemen.

be von Gebrauchsnamen, Handelsnamen, Warenbezeichnungen usw. in berechtigt auch ohne besondere Kennzeichnung nicht zu der Annahme, dass solche Namen im Sinne der Warenzeichen- und Markenschutz-Gesetzgebung als frei zu betrachten wären und daher von jedermann benutzt werden dürften.

Umschlaggestaltung: Nina Faber de.sign, Wiesbaden
Satz: FROMM MediaDesign GmbH, Selters/Ts.

Gedruckt auf säurefreiem und chlorfrei gebleichtem Papier

ISBN-13: 978-3-322-83479-9   e-ISBN-13: 978-3-322-83478-2
DOI: 10.1007/978-3-322-83478-2

Für Ada, Ilse und Li

Stimmen zum Buch

„... ein erfrischend pragmatischer Markenführungs-Leitfaden für Praktiker. Er entmystifiziert das Thema durch harte Analyse, Zahlen und Fakten und sticht durch seine hohe praktische Relevanz aus dem riesigen Angebot an Markenliteratur heraus. Die Autorin räumt mit dem oberflächlichen Verständnis von Markenführung auf – Analyse ersetzt Bauchgefühl. Dabei merkt man, dass sie aus der Praxis kommt. Eine wertvolle Lektüre für Marketingmanager und Unternehmensführer – äußerst lesenswert."

Michael Rzesnitzek, Managing Director, EMEA, FINANCIAL TIMES, London

---

„‚Die Logik der Marke' zeigt, wie in einem durchdachten Markenführungsprozess die verschiedenen marken- und unternehmensrelevanten Disziplinen optimal zusammenspielen. Damit wird Brand Management zum ganzheitlichen Change Management. Ebenso wird eindrucksvoll aufgezeigt, dass die emotionalen Komponenten einer erfolgreichen Markenführung immer eine analytische Fundierung brauchen, um ihre volle Wirkung zu entfalten.

Im Buch beantwortet Frau Dr. Wichert wichtige unternehmenspolitische Fragestellungen, deren Antworten Vorstände und Brand Manager kennen sollten: Wie stellt man sicher, dass die Markenpositionierung optimiert ist? Wie kann man den Wert von Markeninvestitionen berechnen? Steuert man die Marke besser global oder eher lokal und warum? Die Antworten werden durchgehend analytisch hergeleitet und an praktischen Beispielen erklärt. Man spürt, dass die Autorin bereits erfolgreich im Konzern Marken gemanagt hat und über einen fundierten wissenschaftlichen Background verfügt. Erfolgreiches Unternehmensmanagement ist heute ohne konsequentes Markenmanagement nicht mehr möglich. Deshalb empfehle ich dieses Buch allen, denen der nachhaltige Unternehmenserfolg wirklich am Herzen liegt!"

Dr. Florian Schmid, Vorstand brainGuide AG, Starnberg

„Markenführung: Ein Mysterium? Im Erfolgsfall das Ergebnis kreativer Genies? Nein! Zumindest nicht in der Regel. Christine Wichert löst auf eine äußerst praxisorientierte, leicht verdauliche und anschauliche Weise das Mysterium auf. Sie vermittelt eine beeindruckend stringente Logik erfolgreicher Markenführung; keine Kochrezepte aber klare Handlungsleitlinien. Ihr Buch hebt sich ganz besonders in zwei Aspekten aus dem Meer der Markenführungsliteratur hervor. Diese sind nahe liegend sowie für den Markenerfolg von äußerster Wichtigkeit, werden anderweitig aber kaum thematisiert:

1. Zahlen sind keine Kreativitätskiller, sondern Kreativitätstrigger! Basis jeder logischen Markenführung ist die Markenanalyse. Da spielen Marktforschung und auch komplexe statistische Modelle eine entscheidende Rolle. Aber keine Angst, die unabdingbare und oft vernachlässigte Verzahnung methodisch anspruchsvoller empirischer Analyse und strategisch-konzeptioneller Antworten der Markenführung gelingt ihr in einer auch für Laien verständlichen und erzählerisch-spannenden Weise.

2. Zahlen sind Change Agenten! Gute Konzepte der Markenführung können am Markt nur dann erfolgreich wirken, wenn sie zuvor innerhalb des Unternehmens akzeptiert und gelebt werden. Markenführung ist daher immer auch ‚Organisationsentwicklung'. Die Autorin zeigt, wie dieser interne Managementprozess erfolgreich gestaltet werden kann und welche wichtige Rolle Ergebnisse der Markenforschung dabei leisten können.

Das Buch hat mich beeindruckt: Klare, nachvollziehbare Logik zur Bewältigung komplexer Markenführungsprobleme; umfassende Darstellung erfolgskritischer Fragen mit dem nötigen Tiefgang. Lesen Sie es, es wird sich lohnen."

Prof. Dr. Konrad Zerr, Hochschule Pforzheim

Vorwort

Marken verführen, Marken binden, Marken steigern den Markterfolg und den Unternehmenswert. Oder auch nicht, wenn sie falsch entwickelt und geführt werden. Während das Thema „Marke" an Bedeutung gewinnt, interessiert sich auch das Controlling immer mehr für die oft willkürlich wirkenden Entscheidungen in der Markengestaltung. Investitionen in die Marke müssen angesichts der angespannten Wirtschaftslage immer besser begründet und ihr Ertrag berechnet werden. Markenentwicklung und -führung muss endlich analytischer werden, wird gefordert. Das Sonderheft „Marken" der Absatzwirtschaft bildet im Frühjahr 2005 nicht weniger als 41 Ansätze zur Markenführung ab. Nun also noch ein weiterer?

Das vorliegende Werk baut systematisch auf die Kraft quantitativer Analysen sowie die konsequente Verzahnung von Marktforschung, Strategie und Marke. Markenführung ist ein logischer Prozess, kein Voodoo. Saubere, „harte" Analysen, bringen Erkenntnisse jenseits des Offensichtlichen. Auf deren Basis wird eine Strategie abgeleitet, die dann zielgerichtet kreativ umgesetzt wird.

Change Management mit Zahlen

Was mich in meiner Funktion als Managerin mehrerer internationaler monolithischer Marken in unterschiedlichen Unternehmen verblüfft hat, ist die Tatsache, dass es den Teilnehmern an Markensymposien meist weniger um die Inhalte von Markenführung oder Marktforschung ging, sondern vielmehr um die Frage: Wie haben Sie es geschafft, das Budget für gewisse Markenentscheidungen zu bekommen? Wie konnten Sie durchsetzen, dass aus den Ergebnissen die nötigen Konsequenzen gezogen und umgesetzt wurden? In der Tat: Markenführung ist intellektuell keine übermäßige Herausforderung. Wohl aber ist die innerbetriebliche Überzeugungsarbeit und mangelnde Einbindung der Anspruchsgruppen ein häufiger Grund des Scheiterns, weshalb das Buch pragmatische Schritte anbietet, auch diese Herausforderung zu überwinden.

Dass Zahlen entemotionalisieren und in der Kommunikation schneller überzeugen, dass damit sogar Paradigmenwechsel eingeleitet werden können, habe ich immer wieder erlebt. Zahlen sind *Change Agenten* – gerade in rationaleren, technischen, analytisch orientierten Branchen. Dort wurde Markenführung zunächst als kostenintensive „Black Box" angesehen, in die man kreativ etwas hineinsteckte und wo man durch Intuition ein brauchbares Ergebnis erzeugte. Kein Wunder also, dass man ungern investierte, da keine Ursache-Wirkungsbeziehung da war und der Ausgang eher wechselhaft war. Obwohl das Bewusstsein bestand, dass die Marke wertvoll war, brauchte es harte Zahlen zur Entscheidung für eine systematische Führung der Marke inklusive Investitionsbereitschaft.

Inspiration und Pragmatik als Anspruch

Das Buch hat den Anspruch, Sie zu einer quantitativ orientierten, logischen Vorgehensweise bei Ihren Aufgaben zur Markenführung zu inspirieren, inhaltlich zum Nachdenken anzuregen und teilweise auch zu provozieren. Es soll wichtige Fragen pragmatisch beantworten, z. B. wie Sie die optimale Positionierung für Ihre Marke finden oder wie zentral Sie Ihre Marke führen können, ohne dabei Potenzial zu verschenken. Und das immer unter der Prämisse, alle Erkenntnisse logisch herzuleiten und nicht zu „raten". Es geht also, bildlich gesprochen, um die Verstetigung der Zufallstreffer.

Was das Buch ist und was nicht

Bei aller Liebe zur Logik und angewandten Forschung ist dieses Buch kein Verriss kreativer Leistungen der Werbeagenturen, sondern die Anleitung für eine klare Basis zu deren sinnvollem Einsatz mit maximalen Erfolgsaussichten. Sie finden jedoch keine Statistik, die Angst macht, sondern nur die Kennziffern, die Sie wirklich brauchen – einfach erklärt.

Es ist andererseits kein Grundlagenbuch über klassisches Markenmanagement, mit hundertfach „abgegrasten" Themenfeldern wie Logogestaltung, Namensfindung, Markenarchitektur und Nomenklatur, Ingredient Branding oder dergleichen. Das Buch ist vielmehr ein Plädoyer für eine ganzheitliche Markenführung mit logisch stringentem Ansatz unter Einbindung anspruchsvoller Marktforschung. Die Methoden sind erfolgreich eingesetzt worden und werden zum Nachahmen empfohlen.

Die Struktur der Markenführung im Buch

Der Markenführungsprozess wird im vorliegenden Buch in seinen essentiellen Schritten abgebildet: Es beginnt mit der internen Überzeugungsarbeit für die professionelle Markenführung durch Analysen und harte Fakten, gefolgt von der Markenforschung, die die eigene Markenposition im Wettbewerbsumfeld nicht

Vorwort

nur beschreibt, sondern auch erklärt. Daran schließt sich eine aus der Forschung stringent abgeleitete Positionierung bzw. Markenidentitätsfindung an, die erst nach intensiven, „harten" Prüfungen für gelungen erklärt wird. Eine langfristig tragfähige Markenstrategie, die weit mehr als Kommunikationsmaßnahmen umfasst, folgt. Anschließend wird eine markenadäquate Organisation hinsichtlich Strukturen, Prozesse, Gremien und Verbündete gestaltet. Der Kreis schließt sich mit der regelmäßigen Überprüfung, ob die ergriffenen Maßnahmen im Sinne des Markenerfolgs Früchte tragen – inklusive einer neuen Markeninvestitionsrechnung.

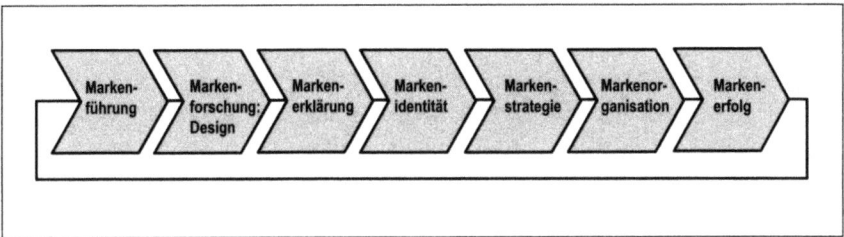

Abbildung 1: Der Markenführungsprozess im vorliegenden Buch

Sie finden besonders viele Beispiele aus den Bereichen, die die Markenführung entdecken und an Bedeutung gewinnen: Business-to-Business- und Premium-Marken. Ebenfalls gibt es ein konkretes Beispiel der fiktiven Marke *Charisma*, anhand dessen Sie die theoretischen Analysen und strategischen Ableitungen Schritt für Schritt nachverfolgen können.

An jedem Kapitelanfang finden Sie, was Sie an Erkenntnissen erwarten können, und am Ende des Kapitels eine Quintessenz für den eiligen Leser. Da das Buch in sich so verzahnt ist, wie gute Markenführung abläuft, wird empfohlen, es chronologisch zu lesen.

An wen wendet sich das Buch?

An Veränderungswillige, die bewegen wollen. An Markenmacher, die Statistik nicht wirklich mögen, aber spüren, wie viel Potenzial in ihr steckt. An Markenstrategen, die das Maximum aus ihrer Marke herausholen wollen. An alle, die an die Optimierung der Schnittstelle aus Forschung und Strategie glauben, weil sie kein Potenzial mehr verschenken wollen. An Unternehmer, die den Wert ihres Unternehmens steigern wollen. Und schließlich auch an Verzweifelte, die unterschiedliche Markenstärke bzw. -nachfrage erkennen und endlich die Ursachen finden wollen.

Dank

Für den konstruktiven Erfahrungsaustausch und zahlreiche fachliche Anregungen bedanke ich mich sehr herzlich bei Henriette Stephan, Hauke Schlüter, Dr. Michael Meier, Dr. Jan Onno Reiners und meinen lieben Freunden Manuela Bianchi und Veronika Bauer sowie der Lektorin Barbara Möller vom Gabler Verlag.

Berneck/St. Gallen im Juli 2005

Dr. Christine Wichert

Inhaltsverzeichnis

Stimmen zum Buch 7

Vorwort 9

1. **Markenführung: Analytik statt Voodoo** 15
   1.1 Die Marke als Schatz des Unternehmens 17
   1.2 Herkömmliche Herangehensweise
       und ein neuer, verzahnter Ansatz 22
   1.3 Brand Management ist Change Management 25

2. **Markenforschung: der richtige Setup** 35
   2.1 Markenforschung detailliert intern verkaufen 37
   2.2 Das richtige Forschungsdesign 40
   2.3 Voraussetzungen einer starken Marke und erste Analysen 45
   2.4 Markenstärke, -assoziationen und Schönheitsflecken 49

3. **Markenerklärung: Stellhebel priorisieren** 57
   3.1 Vorstellung des Ansatzes 58
   3.2 Erfolgs- und Misserfolgsfaktoren im Markt generell
       sowie für einzelne Marken 61
   3.3 Aggregation zur globalen Sicht der Marke 73
   3.4 Markenwahl, die zwischenmenschliche Analogie
       und die Rolle des Designs 75

4. **Markenidentitäten, die verkaufen** 81
   4.1 Was eine gute Markenidentität ausmacht 82
   4.2 Wie man die optimale Markenidentität entwickelt 87
   4.3 Wie global kann, wie lokal muss die Markenidentität sein? 100

5. **Markenstrategien: fokussiert und substanziell** 109
   5.1 Vision und Ziele 112
   5.2 Sicherung der Markensubstanz als wichtigstes Markenelement 117
   5.3 Der Prozess der Bekanntmachung bis zur Bindung 125
   5.4 Lokale Strategien und Budgetableitung in den Märkten 133

6. **Markenorganisation: Strukturen, Prozesse und Verbündete** 141
   6.1   Die Markenmanagementorganisation 143
   6.2   Verteilung der Markenverantwortung im Unternehmen 150
   6.3   Verankerung der Marke in Unternehmensprozessen 156

7. **Markenerfolg: Was Investitionen in die Marke bringen** 161
   7.1   Elemente eines Markencockpits 162
   7.2   Markeninvestitionsrechnung 166
   7.3   Optimale Verzahnung des Markencockpits 171

8. **Fazit – und was Sie morgen anders machen können** 175
   8.1   Der Prozess 176
   8.2   Die Strategie 178
   8.3   Die Organisation 178
   8.4   Wo steht Ihr Unternehmen? 179

Weiterführende Literatur 181

Glossar 183

Die Autorin 187

1. Markenführung: Analytik statt Voodoo

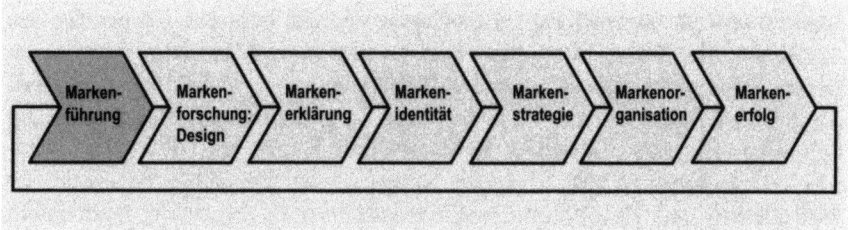

Am Ende dieses Kapitels wissen Sie ...

▷ wie Marken in diesem Buch verstanden werden
▷ wieso Markenführung für alle Branchen wichtig ist
▷ warum Markenführung Veränderungsbereitschaft braucht und deshalb Change Management erforderlich ist
▷ wie Sie die Notwendigkeit zur Markenführung überzeugend intern verkaufen
▷ weshalb ein zahlenorientierter, integrierter Ansatz Ihnen dabei hilft

„Es wird ein Jahrhundert der Marken sein."
Wolf Lotter in brand eins 2005

Marken sind so wertvoll für Unternehmen wie ein gesunder Körper für den Menschen. Ein Körper wird dann zum Kapital eines Menschen, wenn er zu Beginn regelmäßig wächst, gesund und attraktiv ist – und dies selbst während des Schrumpfungsprozesses im Alter bleibt. Es geht hier keineswegs allein um Schönheit, aber schon äußerlich sieht man dem Körper an, wie es dem Menschen seelisch-geistig geht. Denn der Körper ist das Spiegelbild der Seele. Er wird gepflegt und trainiert, und von Kindesbeinen an regelmäßig medizinisch untersucht und nötigenfalls therapiert – denn er ist notwendige Basis eines glücklichen erfolgreichen Lebens.

Unser Körper (die Marke) ist ein hochkomplexes System, das wir mittlerweile ganzheitlich, d. h. mit Seele und Geist (Unternehmensgeschichte und -strategie) verzahnt betrachten. Und das wir mit immer feineren, ineinander greifenden Verfahren untersuchen (Markenforschung), um Symptome (Markenstärke) zu (er-)klären und die ideale Therapie (Markenstrategie) auf die Diagnose abstimmen zu können. Während des gesamten Lebens pflegen wir ihn mit guter Ernährung (Substanz der Marke) und ausreichend Sport (Dynamik), legen Wert auf eine ansprechende äußere Erscheinung (Design & Markenauftritt), um gesund zu sein und attraktiv zu erscheinen.

Während Menschen auf unterschiedliche Therapien (Markenstrategien) setzen, sich z. B. schulmedizinisch oder naturheilkundlich behandeln lassen, gehen nur einige von uns zu Wunderheilern und Medizinmännern, die auch ohne Diagnose auskommen. Auch machen die wenigsten von uns den dritten Schritt vor dem ersten, d. h. keiner geht in die Reha-Klinik zur Physiotherapie, wenn er noch gar nicht weiß, welchen Bruch er sich zugezogen hat.

Wie sieht es mit dem Kapital Marke für ein Unternehmen aus? Wird die Marke – ebenso komplex wie ein Körper – genauso akribisch von Geburt bis Desinvestition untersucht, gepflegt und therapiert? Von den wenigsten. Da werden einzelne Marktforschungsstudien durchgezogen, die nicht miteinander thematisch verzahnt sind und nur punktuell wiedergeben, wie es um den Gesamtorganismus Marke steht. Da werden Kommunikationsmaßnahmen zu früh abgesetzt, weil das Markenbudget aus Sparzwang eingefroren wird.

Die Marke wird oft isoliert betrachtet und optimiert, ohne den Zusammenhang mit der Unternehmensgeschichte und der Unternehmensstrategie zu sehen. Sehr oft werden Einzelmaßnahmen durchgeführt – z. B. eine geniale Kampagne – ohne exakt zu wissen, wie relevant diese für den Kunden ist. Markenpflege beschränkt sich oft auf den äußerlichen Markenauftritt, statt auf Marken- und Produktsubstanz.

Nein, werden Sie sagen, so geht das nicht. *Natürlich* muss man die Marke wie den Körper ganzheitlich mit Seele und Geist betrachten und sauber hintereinander untersuchen, therapieren und fortwährend auch innerlich pflegen. Wenn diese Analogie zwischen Körper und Marke passt, warum gibt es dann heute noch organisatorische Silos innerhalb der Markenführung und zwischen Marke und Unternehmensstrategie? Und wie kommt man zu einer adäquaten Behandlung der Marke wie oben vorgestellt? Genau das werden Sie im Folgenden erfahren.

1.1 Die Marke als Schatz des Unternehmens

Es wird viel diskutiert, ob Marken der größte Schatz des Unternehmens sind oder doch die Menschen, die im Unternehmen wirken. Fakt ist, dass beide die größten Schätze des Unternehmens ausmachen: dieser nicht fassbare Begriff der „Marke" sowie die Menschen, die sie „leben". Mitarbeiter werden von der Personalabteilung vom Eintritt bis zum Austritt umsorgt. Es gibt quantifizierte Planungen und klare Prozesse, die weit über das Administrative hinausgehen: So werden für die Rekrutierung von Mitarbeitern Ziele gesetzt, wie viele Hochbegabte bis wann eingestellt werden sollen, wird die Mitarbeiterzufriedenheit regelmäßig gemessen und mit der Kundenzufriedenheit korreliert, die persönliche Leistungskontrolle im Rahmen von 360-Grad-Feedbacks vorgenommen – der ganze Prozess von der Einstellung bis zur Trennung wird in großen Unternehmen minutiös gemanagt. Der Mensch im Unternehmen wird offenbar genauso gemanagt, wie wir Menschen unsere Körper managen. Das ist auch mit der Marke möglich! Vergegenwärtigen wir uns zunächst ihren Stellenwert.

Starke Marken machen einen wesentlichen Teil des Unternehmenswertes aus. Mittlerweile gibt es zahlreiche Bewertungsmethoden (z. B. US-GAAP), nicht zuletzt, da die Bilanzierung von Marken ab 2005 möglich ist. Die Unterschiede zwischen den Ergebnissen sind zurzeit noch groß, aber letztendlich ist es marginal, ob es die Marke „nur" 50 oder 60 Prozent des Unternehmenswertes ausmacht.

Der Markenwert offenbart den Stellenwert des Themas

Rang 2004	Marke	Markenwert in Mio. $	Markenwert/ Marktkapitalisierung
1	Coca Cola	67.394	64%
2	Microsoft	61.372	22%
3	IBM	53.791	36%
4	General Electric	44.111	12%
5	Intel	33.499	21%
6	Disney	27.113	46%
7	McDonalds	25.001	57%
8	Nokia	24.041	32%
9	Toyota	22.673	16%
10	Marlboro	22.128	16%

Abbildung 2: Starke Marken machen einen Großteil des Unternehmenswertes aus (Quelle: Interbrand, Stand März 2005)

Tatsache ist, dass der Anteil für die meisten Marken erheblich ist. Natürlich gibt es Unterschiede, wie relevant Marken für einzelne Branchen und Firmen sind. Durchschnittlich ist der Markenwert als Prozentsatz vom Firmenwert bei Konsumgüterfirmen höher als in Industrieunternehmen. So erreichen Konsumgüterhersteller wie BMW, Coca Cola und McDonalds schnell 50 bis 70 Prozent, während klassische Business-to-Business-Anbieter (B2B) oft zwischen 20 bis 30 Prozent liegen. Je höher der Markenwert als Teil der Marktkapitalisierung der Firma ist, desto relevanter ist die Marke für das Geschäft.

Die Marke als Schatz des Unternehmens

Markenanteil am Firmenwert wächst kontinuierlich

Der durchschnittliche Anteil des Markenwertes am Firmenwert ist über die letzten Jahrzehnte kontinuierlich gestiegen. Ebenso konnte empirisch nachgewiesen werden, dass starke börsennotierte Marken über weite Zeiträume eine bessere Aktienperformance mit höherer Rendite und niedrigerer Schwankungsbreite, der so genannten Volatilität, erzielten.

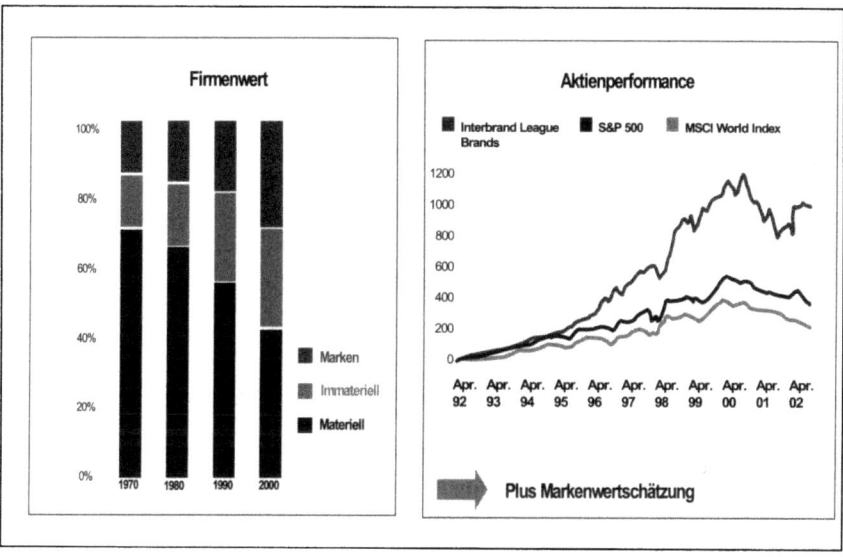

Abbildung 3: Marken werden wichtiger, und starke Marken leisten finanziell mehr (Quelle: Interbrand, Citicorp)

Gemäß einer im Jahr 2004 durchgeführten gemeinsamen Studie von Booz Allen Hamilton und Wolff Olins[1] ist der operative Gewinn bei 80 Prozent der mit starkem Markenfokus geführten Unternehmen fast doppelt so hoch wie im Branchenvergleich. Auch konnte vom Marktforschungsanbieter GfK empirisch gezeigt werden, dass Markenstärke positiv mit dem erzielten Marktanteil und der Preisprämie zusammenhängt – dies wurde über eine Korrelationsanalyse belegt. Das heißt, je stärker die Marke, desto besser die Preis-, Absatz- Wettbewerbs- und Ertragsposition!

---

1 Wolff Olins und Booz Allen Hamilton, Untersuchung zur Markenorientierung, 2004

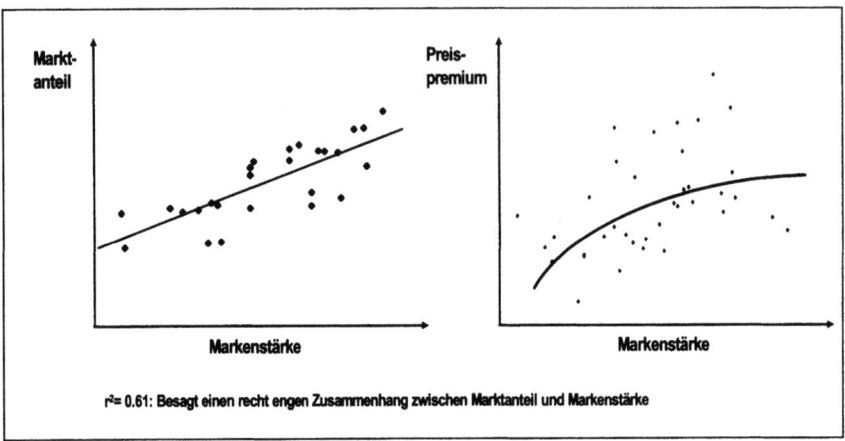

Abbildung 4: Markenstärke korreliert sowohl mit Marktanteil als auch der Fähigkeit, ein Preispremium zu erzielen
(Quelle: GfK, Datenbasis europäische Firmen)

Relevanz von Marken nach Produktgruppe und Branche

McKinsey hat gemeinsam mit dem Marketing Centrum Münster[2] erforscht, wie relevant Marken für verschiedene Produktgruppen und Branchen im Entscheidungsprozess sind. In dieser Studie wird deutlich, dass erstens die Markenrelevanz von Produktgruppe zu Produktgruppe stark variiert und zweitens es durchaus B2B-Bereiche gibt, in denen die Markenrelevanz deutlich höher ist als bei Konsumgüterartikeln, es aber auch Branchen gibt wie elektrischen Strom, in denen die Marke nahezu überhaupt keine Rolle spielt.

Im Durchschnitt ist die Marke im B2C-Geschäft relevanter. Aber wie Sie im Folgenden sehen werden, impliziert ein B2B-Geschäft nicht immer auch B2B Markenführung! Deswegen gilt es zunächst anhand der Geschäftsumgebung, insbesondere anhand der Größe der Kunden zu prüfen, ob man *wirklich* im B2B-Geschäft tätig ist. Warum ist die Größe entscheidend?

---

2 McKinsey, MCM Markenrelevanzumfrage in: Hajo Riesenbeck und Jesko Perry, Mega-Macht Marke, Frankfurt/Wien 2004

Kategorie	Markenrelevanz		
	B2C	B2B	Mittelwert[1]
Zigaretten	X		3.68
Bier	X		3.44
Schaltanlagen		X	3.21
Werkzeugmaschinen		X	3.04
Drucker	X		2.60
Kantinenservice		X	2.54
Industriechemikalien		X	1.97
Papiertaschentücher	X		1.92
Strom für Endverbraucher	X		1.65

[1] 0 = niedrig, 5 = hoch

Abbildung 5: B2B-Märkte können B2C-Märkte durchaus an Relevanz übertreffen – einige Beispiele (Quelle: MCM, McKinsey 2004)

B2C, B2B, Business to Professional (B2P)

Weil die Größe der Kunden oft darüber Ausschlag gibt, ob wir es nicht eher mit B2C-Markenführung zu tun haben. Stellen wir uns einmal sowohl einen Existenzgründer als auch ein anderes inhabergeführtes Unternehmen vor, die ihr Geschäft ausstatten und hierfür bei einem Elektrogroßhändler anfragen. Natürlich agiert dieser im wahrsten Sinne des Wortes im B2B-Bereich, wenn er dem Existenzgründer einen neuen Laptop und einen Kaffeevollautomaten für seine kleine Kaffeeküche verkauft. Aber während ein Großunternehmen als Kunde bei Hardware-Anschaffungen wesentlich mehr Kriterien zu überprüfen hat, wie z. B. internationale Kompatibilität, und bei der Kaffeeautomatenwahl Kosten und Service im Vordergrund stehen, sieht dies beim Einzelunternehmer anders aus. Dieser könnte bei gegebener Leistungsfähigkeit der Produkte seinen ästhetischen Vorlieben freien Lauf lassen und – z. B. emotionaler und weniger preisbewusst – den formschönen Sony Vaio Desktop und den neuen Kaffeevollautomaten Jura Impressa z5 mit One-Touch Cappuccinobereitung wählen. Damit würde der Existenzgründer, also das Unternehmen, eher handeln wie ein Konsument.

Fazit: Überall dort, wo der professionelle Entscheider auch der professionelle Anwender in Personalunion ist, ist es sinnvoller von *B2P*, d. h. *Business-to-Professionals* zu sprechen, als von B2B, denn bei B2P verschwimmen die Herangehensweisen beider Markenführungsansätze. In diesem Fall wäre es ungenutztes Potenzial, sich fälschlicherweise als B2B zu verstehen und die Relevanz der Marke für das eigene Geschäft als gering einzustufen. Eine Gegenüberstellung der Unterschiede kann im Unternehmen klären, bei welchen Kundengruppen man sich in welchem Segment befindet.

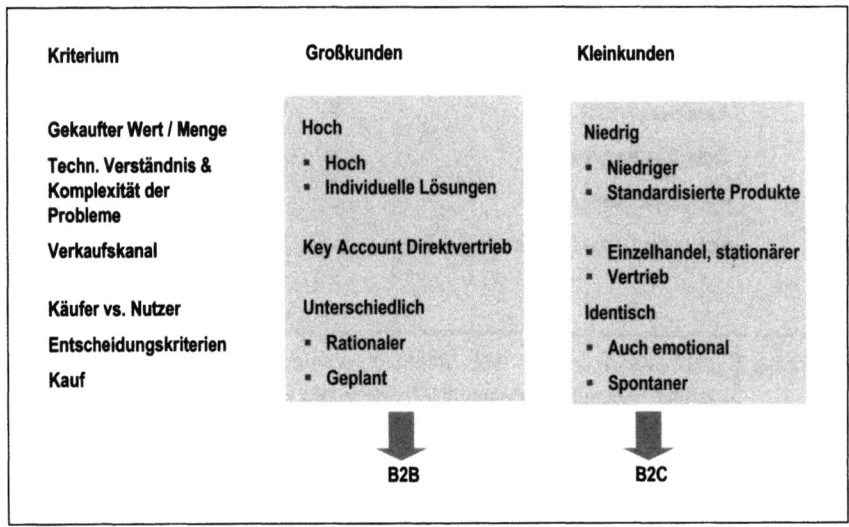

Abbildung 6: B2P-Markenführung: Eine B2B-Firma benötigt für manche Kunden B2C-Markenführung

1.2 Herkömmliche Herangehensweise und ein neuer, verzahnter Ansatz

Wie kommt es, dass Markenführung in vielen Unternehmen immer noch mit Werbung, oder Corporate-Design-Aspekten wie Logo- und Briefpapiergestaltung gleichgesetzt wird? Wahrscheinlich ist der Grund gerade im Dienstleistungs- und B2B-Bereich in der häufigen organisatorischen Isolation der Markenabteilung zu suchen: Ob das Unternehmen an Marken glaubt und dem Thema gebührend Beachtung schenkt, wird von den Zuständigen für die Markenführung oft als unveränderlich hingenommen. Dass man hierfür aktiv intern werben muss, wird nicht immer ernsthaft in Erwägung gezogen bzw. man zieht sich nach einigen gescheiterten Versuchen zurück und beschränkt sich auf sein eng abgestecktes Terrain. Marken werden zentral oder dezentral gesteuert, je nach genereller Unternehmensphilosophie, und nicht danach, welche Anforderungen die einzelnen Märkte an Marken stellen. Und oft wird Markenführung als ausschließliche Aufgabe der Markenabteilung gesehen, ohne weitere Anspruchsgruppen mit verantwortlich zu machen.

So erklärt sich eine immer noch häufige Beschränkung des Themas Markenführung auf kreative und „weiche" Elemente wie Corporate Design und Kommunikation. Denn das Thema wird als Kostentreiber gesehen, bestenfalls als *Initiative*, aber nicht als notwendige, ständige Investition.

Mit diesem Fehlverhalten allein ist es noch nicht getan. Markenidentitäten werden zwar aus brillanten Ideen heraus kreiert, Marktforschungsergebnisse aber oft nur scheinbar verknüpft. So wird das, was sich gut anhört und eine „große Idee" verheißt, und nicht das, was am relevantesten für den Kunden ist, zum Ziel erhoben. Denn Marktforschung wird insbesondere im B2B-Sektor nur bedingt ernst genommen, zugegeben oft genug, weil sie nur beschreibt und nicht erklärt. So bleibt der Wert der Marktforschung im Verborgenen und relativ unverzahnt mit der Strategie.

Zusammenfassend zeichnet sich in vielen Unternehmen der Markenführungsprozess dadurch aus, dass die interne Überzeugungsarbeit vernachlässigt, und Markenführung als relativ qualitative und isolierte Angelegenheit gesehen wird. Zudem wird die Markenforschung bei so essentiellen Fragen wie der Markenpositionierung oder geographischen Markensteuerung oft nicht so fundiert herangezogen, wie der Stellenwert der Marke es erfordert. Sprich: die Markenführung bleibt hinter ihren Möglichkeiten zurück. So verschenkt man Umsatzpotenziale und ignoriert mögliche Kosteneinsparungen.

Ein neuer Ansatz, dessen Ergebnis Marken sind, die sich durch hohe Kundenrelevanz auszeichnen, damit überproportional erfolgreich sind und sich strukturiert managen lassen, beinhaltet folgende Hauptbotschaften:

1. **Intern verkaufen:** Um intern mit einem Thema zu reüssieren, muss man die verschiedenen Anspruchsgruppen einbinden und sie vom Stellenwert des Themas überzeugen. Denn Markenführung, d. h. Brand Management, ist Change Management, will man doch die verschiedensten Unternehmenseinheiten zu nachhaltig verändertem Verhalten bewegen. Nichts ist so hemmend wie das „Not invented here"-Syndrom – Menschen setzen sich nur dann für Aufgaben ein, wenn sie Teil davon sind.

2. **In klare Worte fassen:** Ein ganzheitliches Verständnis der Marke, das alle Mitarbeiter einbezieht und in einfachen Worten kommuniziert wird, schafft das Gehör von breiten Zielgruppen, vom Vorstand bis zur Rezeptionistin, vom Forscher bis zum Controller – und motiviert zum Mitmachen.

3. **Empirisch quantifizieren:** Intern lässt sich insbesondere in eher technischen Kulturen, in denen Ingenieure prominente Unternehmensvertreter sind, durch Zahlen und logische Zusammenhänge überzeugen. Diese Charaktere stehen Funktionen wie Marketing oder Markenführung im Allgemeinen eher kritisch gegenüber. Wenn man die Sprache der internen Kunden spricht und die Markenführung entmystifiziert, Zusammenhänge klar und empirisch überprüft aufzeigt, rennt man immer offene Türen ein.

4. **Quantitative Marktforschung strategisch einsetzen:** Marktforschung hilft bei dieser empirischen Quantifizierung enorm. Innerbetriebliche Marktforschung wird vielfach unterschätzt, dabei ist sie eine äußerst *strategische Funktion*, wenn sie richtig eingesetzt wird. Richtig heißt in diesem Falle, dass die Wichtigkeit von Kriterien indirekt ermittelt wird und Zusammenhänge zwischen A und B nicht nur beschrieben, sondern auch erklärt werden.

5. **Marktforschung und Strategie verzahnen:** So kann empirisch nachgewiesen werden, was die mit großer Wahrscheinlichkeit optimale Markenstrategie ist. Oder ob eine Marke global oder lokal geführt werden soll bzw. warum in manchen Ländern die Marke nicht so geschätzt wird wie erhofft.

6. **Marken brauchen keine riesigen Budgets:** Gute Markenführung braucht nicht so große Investitionen wie häufig angenommen. Oft kostet sie gar nichts oder spart sogar noch, wenn Prozesse beispielsweise professionalisiert und damit gestrafft werden. Und wenn Geld ausgegeben wird, dann so oft wie möglich nach dem *Davidprinzip* – smarte Investitionen, die jenseits des Offensichtlichen liegen, und wo z. B. der Kunde freiwillig als Werbender für die Marke auftritt.

Die folgende Abbildung fasst noch einmal die wichtigsten Elemente des neuen Ansatzes zusammen.

	Häufiger Ansatz	Neuer Ansatz
Internes Verkaufen	Vernachlässigt	Hoher Stellenwert
Markenspektrum	Eng begrenzt	Holistisch
Ausrichtung	Qualitativ-kreativ	Überwiegend quantitativ
Nutzung von Marktforschung	Reaktiv die Vergangenheit beschreibend, isoliert	Strategisch vorausschauend, erklärend, logisch verzahnt
Markenidentität und -strategie	Eine „große Idee"	Konsequent aus der Forschung abgeleitet
Credo	Kreativität vor Relevanz	Relevanz vor Kreativität
Budgeterwartung	Je größer je besser	Smart und jenseits des Offensichtlichen

Abbildung 7: Gegenüberstellung des herkömmlichen und des neuen Ansatzes

1.3 Brand Management ist Change Management

Brand Management ist Change Management. Ein Veränderungsprozess im Unternehmen ist meist ein schwieriger, langwieriger und Emotionen auslösender Prozess, der für manche schmerzvoll sein kann. Aber meistens – wie auch im Falle der Markenführung – ist es auch ein spannender und positiver Prozess, den Sie aktiv gestalten sollten. Schließlich geht es nicht um ein Werk, das geschlossen wird, sondern einen Schatz, der gehoben wird! Organisationen ändern sich jedoch nur, wenn die Überzeugungen der Mitarbeiter darin sich geändert haben – woran Sie als Treiber des Prozesses aktiv arbeiten können.

Wenige Unternehmen haben die Chancen erkannt, die in einer konsequenten Markendenkweise liegen. Damit ist nicht nur gemeint, dass es überhaupt eine Funktion „Markenmanagement" gibt und Budget zur Verfügung steht. Markenführung soll als Philosophie das ganze Unternehmen durchdringen, alle Mitarbeiter mögen mithelfen und dafür verantwortlich gemacht werden, die Marke zu stärken. Auch soll Markenführung organisatorisch möglichst weit oben verankert sein – wir kommen in Kapitel 6 näher zu diesem Thema. So sehr all diese Themen theoretisch bekannt sind, so schwierig scheint die Umsetzung in der Praxis.

Unabhängig davon, ob es Ihre Aufgabe ist, Markenführung einzuführen oder auszuweiten: Der internen Überzeugungsarbeit im Unternehmen kommt für Sie höchste Bedeutung zu. Gehen wir einmal davon aus, dass Markenführung organisatorisch noch nicht wirklich etabliert, aber die Bereitschaft latent da ist – sonst gäbe es Sie nicht! Welche Aufgaben liegen im ersten Schritt an?

1. Gute Planung ist das A und O.
2. Bestimmen Sie den Stand der Organisation hinsichtlich der Marke und binden Sie diese aktiv mithilfe einer Befragung, einem so genannten Branding Beliefs Audit, ein.
3. Erarbeiten Sie eine Reihe von Definitionen, konzeptionellen Darstellungen und Analysen, die später den Vorstand in einer Präsentation für professionelle Markenführung gewinnen sollen.

Wie gehen Sie nun ganz konkret vor? Es beginnt mit **guter Planung:**

- Besorgen Sie sich das Organigramm Ihrer Firma und wählen Sie Teilnehmer für eine kurze, persönliche Befragung aus: Am besten interdisziplinär, international inklusive kleiner und großer Länder, und über die Hierarchien hinweg.
- Alle Schnittstellen, die Sie mit der Markenführung sehen, sollten involviert werden, alle Kritiker, die Ihnen schon bekannt sind, auch.
- Wann immer möglich, treffen Sie alle diese Stakeholder persönlich – zur Not auch telefonisch. Schriftlich bzw. per E-Mail sollte Ihre letzte Wahl sein.
- Bereiten Sie einen Gesprächsleitfaden für ein *Branding Beliefs Audit* vor, um zielgerichtet zu erfassen, wie über Markenführung im Allgemeinen und die betreffende(n) Marke(n) im Besonderen gedacht wird.

In Einzelgesprächen erzielen Sie mehrere Erkenntnisse auf einmal: Sie lernen nicht nur die Ansichten zum Thema kennen, sondern auch die möglichen Bedenken, auf die Sie somit besser eingehen können. Sie erfahren, wie bereit die Organisation zur professionellen Markenführung ist, was als nächstes aus Sicht der Beteiligten zu tun ist. Sie werden sehr wertvolle Hinweise bekommen – und wenn Sie die Antworten durchstrukturieren, haben Sie bereits einen Aufgabenplan für Ihr Markenteam und die nächsten Jahre! Sie haben darüber hinaus die Organisation aktiv eingebunden und sensibilisiert, was häufig wichtiger ist als Ihre fachliche Kompetenz. Beispielsweise könnten Sie im Rahmen eines interdisziplinären **Branding Beliefs Audits** den Teilnehmern folgende Fragen stellen:

- Wer könnte vom Brand Management profitieren?
- Haben Sie eine Vorstellung, was die Marke wert sein könnte?

Brand Management ist Change Management

- Was würde unserer Firma gute Markenführung bringen?
- Wofür steht unsere Marke und wofür sollte sie in Zukunft stehen?
- Wofür stehen die Marken unserer Wettbewerber?
- Was sind die größten Herausforderungen für die Marke aus Ihrer Sicht?
- Wo besteht der größte Handlungsbedarf?
- Warum glauben Sie, gibt es bisher noch keine starkes Markenführung?

Werten Sie die Ergebnisse aus und senden Sie eine Zusammenfassung an die Teilnehmer als kleines Dankeschön zurück. Kommunizieren Sie die Ergebnisse auch im Vorfeld einer Präsentation an den Vorstand. Oft ist es so, dass die Türen für Markenführung bereits offen stehen und der Vorstand davon überzeugt werden will, dass die Führungskräfte für das Thema empfänglich sind. Bemühen Sie sich um einen **Präsentationstermin** vor dem Vorstand oder einem anderen hochrangigen Gremium, in dem Sie folgende Elemente abdecken:

- Verständnisvolles Eingehen auf die Historie und den Wandel, der Markenführung begünstigt.
- Was heißt Marke und Markenführung? Definition.
- Wieso ist das Thema wichtig? Quantifizieren des Markenwertes als Teil des Unternehmenswertes.
- Wen betrifft es? In einer umfassenden Geschichte aufzeigen, dass es jeden betrifft.
- Was bringt dem Unternehmen Markenführung? Zeigen, dass starke Marken höhere Preisprämien und Marktanteile erwirtschaften.
- Wie viel kostet das? Quantifizieren, dass nicht nur Kosten anfallen, sondern auch Kosten gesenkt werden können.
- Was muss getan werden? Logischer Prozess von A nach B.
- Was ist der erste Schritt? Notwendigkeit einer Markenforschung als Grundlage.
- Was denkt die Organisation? Rückkopplung der Ergebnisse der Befragung.

Zum Auftakt der Präsentation hilft es, sehr verständnisvoll auf die Vergangenheit einzugehen, und zu sagen, was alles richtig gemacht wurde – selbst wenn dies intuitiv und ohne professionelle Markenführung geschah – wie so oft bei inhabergeführten Marken. Bitte vermeiden Sie das Diagnostizieren aller Markenfehler und Unterlassungen, scharfe Kritik oder ein Horrorszenario, das eintritt, wenn die Marke nicht sofort gestärkt wird. Zeigen Sie lieber ganz neutral neue Markenherausforderungen auf – die gibt es immer, sowohl hausgemachte, als auch solche durch die Konkurrenz.

Vergangenheit, z. B.	Neue Herausforderungen, z. B.
• Tolle Produkte • Innovationen • Markenzeichen • Kommunikationserfolge • Bekanntheitsgrad, Image,... → Aber eben nicht wirklich systematisch...	• Neue Geschäftsfelder • Neue Vertriebskanäle • Neue Kundengruppen • Neue Produkte, neue Dienstleistungen • Preisdruck • Aggressive Konkurrenz
Positives hervorheben, Brücken bauen	Notwendigkeit für systematisches Vorgehen

Abbildung 8: Verständnisvolles Eingehen auf die Historie ist Voraussetzung für Veränderung

Fahren Sie fort mit einer Definition des Themas Marke und Markenführung. Nun, wenn Sie verschiedene Markenbücher gelesen haben, wissen Sie, dass es mindestens genauso viele unterschiedliche Definitionen gibt wie Autoren und Markenmanager. Solange die Definition wahrnehmungs- bzw. kundenorientiert und weit gefasst ist, ist es sekundär, welcher Definition Sie folgen. Es geht um Differenzierung vom Wettbewerb und darum, wie man den Kunden verführt und langfristig bindet. Fast alle sind richtig und betrachten die Marke einfach aus unterschiedlichen Blickwinkeln. Wichtig ist allein, *dass* Sie Ihre Definition haben, und zwar eine, die für Ihre Firma maßgeschneidert und an die Sprache Ihres Unternehmens angepasst ist.

Damit diese Definition zum Leben erweckt wird, erzählen Sie eine kundenorientierte Geschichte, bei der schlagartig klar wird, dass Markenführung weit mehr ist als der Einsatz von Werbebudgets. Gleichzeitig schafft sie in der Organisation Aufmerksamkeit dafür, dass Markenführung keine Einmal-Initiative ist, die wie ein Lichtschalter ein- und ausgeschaltet wird, sondern dass jeder Mitarbeiter jederzeit und überall „brandet", d. h., die Marke „lebt". So bleibt einzig die Frage, ob man diesen Prozess aktiv steuert oder passiv über sich ergehen lassen wird und sich damit von der Konkurrenz managen lässt.

Brand Management ist Change Management

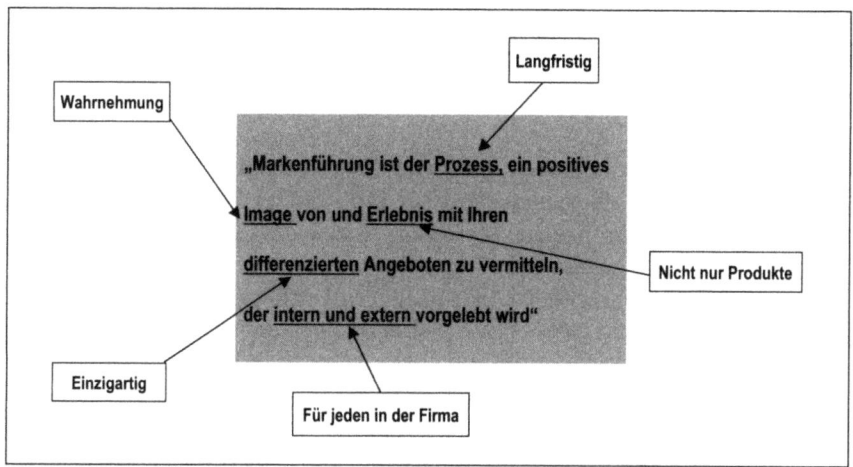

Abbildung 9: Eine unternehmensspezifische Definition von Marke und Markenführung (exemplarisch)

Die folgende Geschichte, ein Beispiel der Firma Hilti, zeigt sehr anschaulich, wie das gesamte Unternehmen an der Markenbildung im Kopf des Kunden mitwirkt.

Abbildung 10: Beispiel einer auf das Unternehmen Hilti maßgeschneiderten Geschichte für ein ganzheitliches Verständnis (Quelle: Hilti AG)

Diese Geschichte können Sie an Ihr Unternehmen anpassen. Bauen Sie viele typische Berührungspunkte mit Ihrer Marke ein, um klarzumachen, dass es eines ganzheitlichen Ansatzes bedarf und Markenführung nicht nur Aufgabe des Markenteams ist.

Im Falle Hiltis wurde von einem ganz normalen Tag erzählt, an dem ein Kunde auf der Baustelle mit einem ergonomischen Bohrhammer arbeitet und begeistert davon ist, weil dieser mühelos durch die Betonwand geht. Er nimmt Verbrauchsmaterial, d. h. einen Dübel, aus der Verpackung und lässt dabei versehentlich den Bohrhammer fallen. Eine „Hilti" geht dabei eigentlich nicht kaputt, aber um sicherzugehen, ruft er den Kundendienst an, der sich gleich freundlich meldet. In der Zwischenzeit trifft ein Verkaufsmitarbeiter ein, der gut gelaunt aus seinem sauberen Auto steigt. Begeistert holt er aus dem neuen Gerätekoffer einen neuen Kombihammer und erklärt dem Kunden das innovative Konzept und all seine Vorteile anhand einer Broschüre und lässt auch noch den Katalog da. Als der Vertreter wieder verschwunden ist, fragt der Bauarbeiter seinen Kollegen, wie dieser seine Maschine von einer Konkurrenzmarke findet. Er liest auch noch einmal in einer Fachzeitschrift einen PR-Artikel über neue Profiwerkzeuge nach, der die Bohr- und Abbauleistung der Maschine lobt. Obwohl der Bauarbeiter den Preis hoch findet, entscheidet er sich dafür und fährt ins nächste Hilti Center, aber leider ist der begehrte Kombihammer ausverkauft. So bestellt er das Produkt über die Hotline telefonisch und wartet auf zügige Lieferung.

Zahlen als Change Agenten

Nachdem klar ist, was Markenführung bedeutet und wen Markenführung letztendlich betrifft, quantifizieren Sie, warum das Thema so wichtig ist. Nehmen Sie beispielsweise die Abbildungen dieses Kapitels, die zeigen, dass der Anteil des Markenwertes über die Jahre immer weiter gestiegen ist und Markenstärke eine bessere finanzielle Performance ermöglicht. Das sind die wirklich wichtigsten Argumente! Wenn Sie in der glücklichen Lage sind, für eine Marke zu arbeiten, deren Wert von der Firma Interbrand oder einem anderen Unternehmen erfasst worden ist, nennen Sie diese Zahlen offensiv: als Prozentsatz der Marktkapitalisierung, aber auch als absolute Zahl in Dollar oder Euro. Sie werden sehen, diese Zahl bleibt in den Köpfen der Menschen hängen, insbesondere, wenn Sie im Rahmen der Befragung der Anspruchsgruppen nach einer eigenen Einschätzung des Markenwertes gefragt haben.

Als nächstes beantworten Sie die Frage (die Sie natürlich antizipieren), was denn Markenführung kostet, denn dies ist oft die größte Sorge des Top-Managements. Man möchte gerne die Früchte einer starken Marke ernten, aber

Brand Management ist Change Management

möglichst wenig in Saatgut investieren. Für Sie könnte es taktisch klug sein, zunächst zu zeigen, wie viele Elemente der Markenführung gar nichts kosten – wie in der Geschichte angerissen. Schon die Optimierung bestehender Prozesse und Verkaufskanäle kann in Markenhinsicht vieles zum Guten bewegen. Ob die Call-Center-Mitarbeiterin freundlich ist oder nicht, ist eine Frage der Persönlichkeit und ihrer Motivation – und kostet Sie rein gar nichts, sondern entscheidet sich meist schon bei der Personalauswahl. Sie werden zu diesem Zeitpunkt weder quantifizieren können, was der totale Markenführungsaufwand ist, noch, was es Ihnen bringt. Dies wäre schlichtweg unseriös. Aber wäre es nicht wichtig, hier Schätzungen abgeben zu können? Kein Vorstand kauft die Markenkatze im Sack!

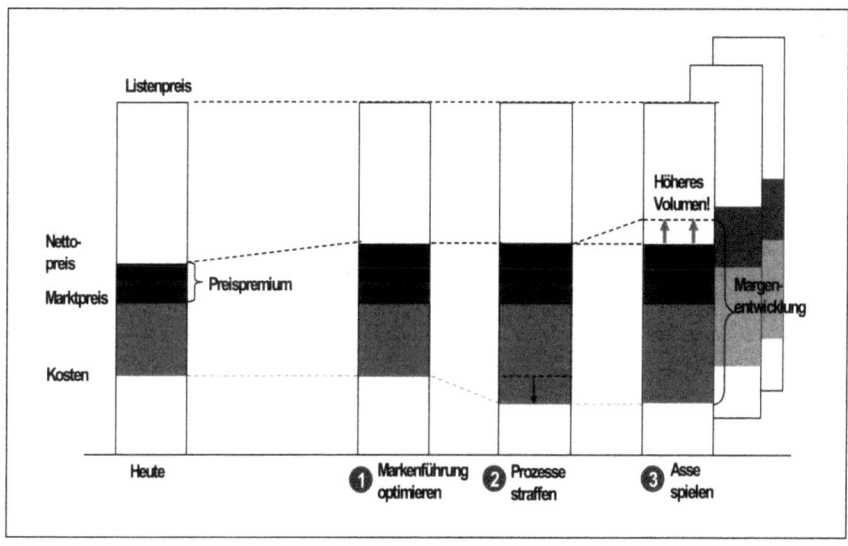

Abbildung 11: Markenführung hilft, die Marge auf unterschiedliche Wege zu verbessern – drei generelle Möglichkeiten

Sie können zumindest konzeptionell zeigen, wozu gute Markenführung in der Lage ist. Dass Sie beispielsweise, indem Sie Ihre Markenführung optimieren, eine höhere Preisprämie im Markt erzielen. Zum Beispiel über Preisforschung den optimalen Preis finden oder technische Neuprodukte im Direktvertrieb mit einem geringeren Rabatt versehen. Oder Sie verkaufen mit Lieferzeiten versehene begehrte Ware, wenn sie gleich verfügbar ist, teurer, ähnlich der Preisdifferenzierung bei Büchern, im Kino, etc. Durch Straffung von Prozessen können Kosten gesenkt werden, indem z. B. nicht jedes Land individuell vorgeht, sondem man die Möglichkeit einer regionalen oder teilweise globalen Markenführung auslotet. Zum Schluss können Sie darauf eingehen, dass jedes Unternehmen Asse aus Kundensicht hat, die noch nicht gespielt werden. Z. B. einen besonderen, geldwerten Service, der kostenlos abgegeben wird, obwohl Kunden problemlos dafür zahlen würden.

Finden Sie konkrete Beispiele für Ihr Unternehmen – ohne Anspruch auf Vollständigkeit – und quantifizieren Sie die Effekte durch gute Markenführung. Finden Sie also beispielsweise heraus, was eine Rabattreduzierung bei den Neuprodukten an Ergebniseffekten bedeuten würde, und listen Sie diese auf.

	Thema	Effekt	€ Auswirkungen	Ansatz
1	Übermäßige Diskontierung stoppen	Realisierung eines höheren Nettoverkaufspreises	x Mio. € Reingewinn p.a.	Anreize in Vertriebssteuerung
2	Zentralisierte Katalogproduktion	Reduzierte Druckkosten	x Mio. € Einsparung p.a.	Pilotprojekte in einigen Ländern
3	Zeitliche Preisdifferenzierung für begehrte Produkte	Abschöpfen höherer Preisbereitschaft	x Mio. € mehr Umsatz	Online-Marktforschung, Preisfestlegung

Abbildung 12: Beispiele für positive monetäre Effekte der Markenführung

Insgesamt sollte bei den Adressaten ankommen, dass Markenführung zwar etwas kostet, mit dem richtigen Blickwinkel aber auch sparen hilft. Sie gewinnen Vertrauen, weil man spürt, wie ernst Sie die Sorgen des Top-Managements nehmen und wie gewissenhaft Sie bzw. wenig leichtfertig Sie gedenken zu investieren. Ist dieses Verständnis gegeben, geht es im Weiteren darum, wie man professionell vorgeht. Auch hier helfen klare Prozesse, die nicht aus zu vielen Einzelschritten bestehen, so dass man den Überblick verliert. Letztendlich geht es um eine Reise vom jetzigen Standort A an einen Zielort B. Man findet zunächst heraus, wo die Marke im Kopf des Kunden steht (erster Schritt), legt fest, wo man die Marke hin entwickeln will (zweiter Schritt), was wiederum eng mit der Unternehmensstrategie verzahnt ist, und definiert dann den Routenplaner, wie man denn von A nach B kommt (dritter Schritt).

Brand Management ist Change Management 33

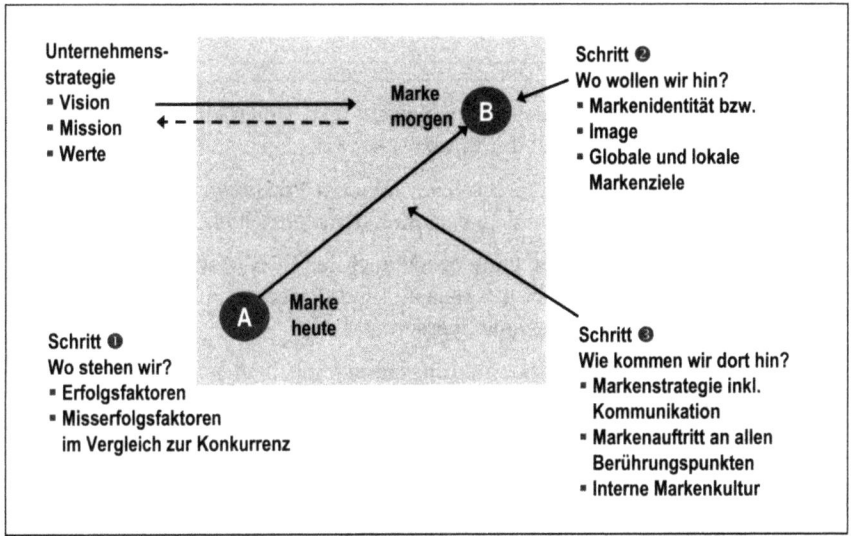

Abbildung 13: Markenführung ist ein logischer Prozess, der Zeit beansprucht

Das Verständnis dafür zu schaffen, dass bei aller Komplexität des Themas Marke der Prozess eigentlich nur drei Schritte beinhaltet, die nacheinander vonstatten gehen sollten, muss das Ziel sein. Es ist sehr wahrscheinlich, dass einige aktuelle Ausprägungen der Marke einige Funktionsträger im Unternehmen kurzfristig stören, dass z. B. die Verpackungen nicht markenkonform gestaltet sind oder der Auftritt am POS zu wünschen übrig lässt. Natürlich müssen all diese Punkte angesprochen werden, aber Top down, in einem klar strukturierten Prozess und zum richtigen Zeitpunkt. Es ergibt wenig Sinn, Einzelprobleme kurzfristig optimieren zu wollen – ohne zu wissen, wie die Marke eigentlich positioniert werden soll. Die Markennavigation kann nicht festgelegt werden, ohne zu wissen, wo die Marke gerade steht. In der Routenplaner-Analogie hieße das zu sagen: Fahren Sie doch mal ein bisschen schneller, ohne zu wissen, in welche Richtung. Deswegen ist die Standortbestimmung der Marke der erste Schritt, der vor allen anderen kommen sollte – darüber erfahren Sie mehr im nächsten Kapitel.

Quintessenz

▷ Die Marke ist einer der größten Schätze des Unternehmens und macht leicht ein bis zwei Drittel des Firmenwertes aus, auch in B2B-Branchen.

▷ Eine starke Marke ermöglicht einen höheren Preispunkt, größere Marktanteile, höhere Rendite und eine stärkere Krisenresistenz.

▷ Nicht alle B2B-Branchen eignen sich auch für B2B-Markenführung – der B2C-Anteil ist oft größer als gedacht, und diesem Anteil muss auch mit B2C-Markenführung begegnet werden.

▷ Der herkömmliche Markenführungsansatz ist häufig kreativlastig auf Kosten logischer Stringenz. Oft wird das Markenführungspotenzial des Unternehmens nicht ausgeschöpft, weil einige Entscheider nicht überzeugt werden konnten

▷ Brand Management ist Change Management, und diesen Wandel kann man mit quantitativer Argumentation initiieren und beschleunigen. Change Management beinhaltet die Sensibilisierung für das Thema und die Involvierung der Anspruchsgruppen.

▷ Markenführung ist nicht nur Aufgabe der Markenabteilung, sondern bedingt die Integration des ganzen Unternehmens.

▷ Neben Beschreibung der Markensituation braucht es eine umfangreiche Erklärung, um die relevanten Stellschrauben zu bedienen, sowie engste Verzahnung mit der Markenstrategie.

▷ Markenführung kostet teilweise Geld, aber sie hilft auch Kosten zu senken, Prozesse zu straffen und zusätzliche Umsätze zu generieren, die allesamt in Ergebnissteigerungen münden.

▷ Markenführung ist keine Initiative, die zu einem Zeitpunkt anfängt und zu einem anderen aufhört, sondern ein langfristiger, logisch strukturierter Prozess.

2. Markenforschung: der richtige Setup

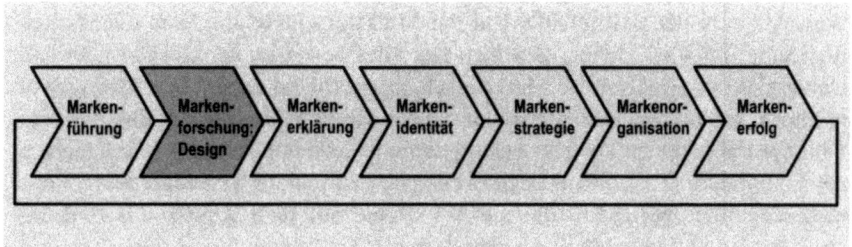

Am Ende dieses Kapitels wissen Sie ...

▷ warum Statistik für die Markenforschung unerlässlich ist
▷ wie Sie eine gelungene Markenforschung aufsetzen
▷ was eine starke Marke ausmacht
▷ welche Kennziffern den Weg zur Markenstärke beschreiben
▷ wie Sie die Unternehmenseinheiten und die Unternehmensleitung überzeugen

„Wir sind in der Markenforschung noch im Mittelalter."
Prof. Dr. Christoph Burmann, Universität Bremen, in der Absatzwirtschaft 4/2005

Woher kommt der zweifelhafte Ruf der Marktforschung, die auch die Markenforschung umfasst? Daher, dass man fast alles beweisen kann, wenn man will. Daher, dass es Grenzen der Marktforschung gibt. Und daher, dass Manager oft in Daten und Informationen ertrinken, ohne daraus Wissen und Handlungsempfehlungen ableiten zu können. Schuld daran ist jedoch nicht die Marktforschung per se. Sondern es ist die oft technokratische Anwendung von Marktforschungsmethoden und -berichten, die meist Extreme auf dem Kontinuum zwischen „banalen Beschreibungen von nichts Neuem" bis hin zu „hochkomplexen, umständlichen Darstellungen" einnehmen. Natürlich hat Marktforschung ihre Grenzen, z. B. beim Testen hoch innovativer Produktgattungen und Akzeptanztests von Moden von morgen – darum geht es in der Markenforschung aber nicht.

Zudem ist Statistik für viele Menschen ein rotes Tuch. Allein die Ankündigung der Verwendung von statistischen Methoden oder Kennziffern löst Grauen aus und führt schnell zur Ablehnung der Methoden ohne inhaltliche Prüfung auf ihre Anwendbarkeit. Trotzdem ist Statistik ein unentbehrliches strategisches Instrument der Unternehmensführung. Denn wenn man so will, bedeutet Management nichts anderes, als unentwegt Hypothesen darüber zu entwickeln, wie Dinge zusammenhängen, diese zu testen und daraufhin Entscheidungen zu fällen.

Die Marke ist ein komplexes Gebilde, und verwertbare Markenforschung bildet diese Komplexität empirisch ab. Einige Markenmanager, Marktforscher und selbst Marktforschungsagenturen fürchten aber genau diese Komplexität aus folgendem Grund: Das Management und insbesondere der Vorstand könnten durch die Fachbegriffe, die die statistischen Vorlesungen an der Universität mit sich brachten, und all die Gütekriterien und Kennziffern abgeschreckt werden. Als Resultat wird eine einmalige Chance vergeben. Denn genau wie Markenführung ganz normalen Menschenverstand voraussetzt, kann selbst komplexe Statistik so erklärt werden, dass sie eben *nicht* abschreckt. Im Gegenteil: Wird komplexe Statistik *anwenderorientiert* dargestellt, kann das enorme Potenzial, das in ihrer *sachgerechten* Anwendung ruht, wertgeschätzt und noch breiter angewandt werden.

Der große Nutzen guter Markenforschung liegt in der exakten Darlegung und Erläuterung der Ausgangslage, der Ableitung eines optimalen Ziels und der Priorisierung der geplanten Schritte dorthin.

Komplexes simpel darstellen

Der Schlüssel liegt demnach nicht darin, einfache Marktforschungsmethoden zu benutzen, d. h. viele bunte Bilder zu qualitativen Studien zu zeigen, Beschreibungen und Häufigkeitstabellen, die sofort einleuchten, aber wenig an Erkenntnis liefern. Die Ausrede „die wollen das so" übersetzt sich eher dahingehend, dass man sich keine Mühe gemacht hat, Komplexes leicht verständlich darzustellen. Nach wie vor sind viele der Überzeugung, dass „ein wirklich guter Marketingmanager das aus dem Bauch macht". Und selbst in aktuellen Grundlagenbüchern zum Thema „Marke" will man eher qualitativ untersuchen als hart messen.

Dann wäre da noch die Gefahr, durch Übersimplifizierung Informationsverlust zu erleiden. Aber: Man kann Komplexität durchaus so reduzieren, dass alles strategisch Notwendige gezeigt und gesagt wird und alles weggelassen wird, was nur verwirren würde, z. B. griechische Buchstaben entlang eines Pfaddiagramms. Es geht um *anspruchsvolle Schlichtheit*. Diese Fähigkeit der einfachen Darstellung brauchen Sie nicht nur zur Präsentation der Ergebnisse, sondern wahrscheinlich schon vorher beim „internen Verkaufen" der Studie selbst. Hierzu müssen Sie wissen, was Sie wem nahe bringen wollen und was es kostet.

2.1 Markenforschung detailliert intern verkaufen

Nachdem Sie verschiedene Ebenen, verschiedene Funktionen und die wichtigsten Länder Ihrer Organisation bereits von der Wichtigkeit der Markenführung überzeugt haben, kann es nötig sein, detailliert auf die Notwendigkeit einer Markenforschung einzugehen. Dies ist insbesondere sinnvoll, wenn sie eine größere Investition darstellt und die Meinung vorherrscht, es gäbe schon genügend Studien zu dem Thema.

Während der Vorstellung der Markenstudie müssen Sie die Sorge vor einer „weiteren unnützen Studie" vertreiben können, die Angst, dass die Statistik entweder nicht verstanden wird oder nicht zu konkreten Handlungsempfehlungen führt. Wenn das Budget dann offiziell freigegeben wird, sind die beteiligten

Organisationseinheiten eingebunden, fühlen sich integriert und sehen die lokalen oder bereichsspezifischen Besonderheiten berücksichtigt. Fangen Sie bei den direkten Vorgesetzten an, die es als Erste wissen müssen und es Ihnen übel nehmen würden, wenn etwas an ihnen vorbei initiiert würde; dann gehen Sie die nächst höhere Ebene bzw. eine erweiterte Runde und zum Schluss den Vorstand an. Dies hängt davon ab, um wie viel Geld es geht und wie hoch der alleinige Entscheidungsspielraum der betreffenden Personen jeweils ist.

Hintergrund und Ziele
- Forschungsziele und weshalb die Markenforschung Grundlage einer guten Strategie ist
- Darstellung der bisherigen Forschungsansätze nach verschiedenen Kriterien

Ein neuer Ansatz und seine Vorteile
- Vorstellung des neuen Ansatzes
- Vergleich alter und neuer Ansatz
- Wie ein Ergebnis aussehen könnte (fiktives Beispiel)
- Wie Erfolgsfaktoren konkretisiert werden – Operationalisierung

Abdeckung
- Länderabdeckung bzw. geplante Segmentabdeckung
- Langfristige Anlage (Tracking) und Wert der Studie
- Verzahnung mit anderen Studien der Marktforschung
- Kosten und Vorschlag der Finanzierungsform

Nächste Schritte
- Zeitplan
- evtl. Pilotprojekt

Abbildung 14: Wesentliche Bestandteile der Überzeugungsarbeit für eine neue Markenstudie

Beginnen Sie Ihren Vortrag mit dem klaren Nutzen, den das Projekt hat. Denn warum sollte Ihr Vorgesetzter es gegen Widerstände für Sie durchfechten? Das könnte Profilierung bedeuten, Arbeitsentlastung oder zusätzliche Verantwortung. Gehen Sie dann kurz auf Hintergrund und Ziele der Markenforschung ein – hier können Sie problemlos vorhandenes Material aus den Darstellungen verwenden, weshalb Markenführung wichtig ist. Denn: Markenforschung ist die Grundlage guter Markenführung. Stellen Sie die bisherigen Forschungsansätze Ihres Hauses der letzen fünf Jahre dar, mit Durchführungsjahr, Ländern, methodischem Ansatz, gewählter Zielgruppe, Stichprobengröße etc. Meist handelt es sich um Puzzlestückchen, die nicht optimal ineinander passen und demnach kein homogenes Bild ergeben. Und oft sind die Studien nur für einzelne Länder ausschließlich beschreibend, nicht aber erklärend und damit auch wenig richtungweisend.

Markenforschung detailliert intern verkaufen

Aber das ist ja der neue Ansatz: weg mit dem *Meinen*, hin zum *Wissen*. Stellen Sie den von Ihnen gewählten Ansatz vor – einen geeigneten werden Sie in den nächsten Kapiteln kennen lernen, es kann aber natürlich auch ein anderer sein – und vergleichen Sie ihn mit dem alten entlang relevanter Kriterien

	Bisheriger Ansatz	Neue Markenforschung
Fokus	Kampagneneffekte	Markenstärke
Abdeckung	Einzelne Zielgruppen und Geschäftsfelder	Alle wichtigen Zielgruppen und Geschäftsfelder
Konkurrenz	Nicht betrachtet	Drei wichtigste Konkurrenten
Analyse	Beschreibend	Erklärend mit Ursache & Wirkung
Stellenwert der Erfolgsfaktoren	Nicht messbar	Messbar
Operationalisierung	Nicht gegeben	Gegeben
Vergleichbarkeit der Länder	Nicht möglich	Möglich
Mittel zur Steuerung und Erfolgsmessung	Limitiert	Ja

Abbildung 15: Beispiel einer Gegenüberstellung der bisherigen Markt-/Markenforschung und einer neuer Studie

Zeigen Sie, wie konkrete Ergebnisse dieser Studie aussehen können, auch wenn sie zu diesem Zeitpunkt lediglich Hypothesen sein können. Der Inhalt ist weniger wichtig als die Verständlichkeit der Darstellung! Zeigen Sie, wie die Ergebnisse in konkrete Handlungsempfehlungen überführt werden. Dann schlagen Sie vor, welche Länder Sie abdecken wollen und warum. Was die Studie bei alternativen Anbietern kostet und wie oft die Studie in der Zukunft wiederholt werden muss bzw. wie ein Tracking über die Jahre aussehen könnte.

Zum Schluss gehen Sie darauf ein, wie Sie gedenken, die Sache zu finanzieren. Eine Kostenaufteilung der Studie zwischen Zentrale und beteiligten Ländergesellschaften ist für internationale Unternehmen ratsam, egal ob Ihr Unternehmen eher zentral oder dezentral organisiert ist. Warum? Damit beide Seiten vom Mehrwert überzeugt und an der Umsetzung der Ergebnisse interessiert sind. Die

Zentrale demonstriert ihr Interesse über ihre finanzielle Beteiligung und auch ihren eigenen Anspruch an zumindest teilweise globale Markenführung. Die Länder zeigen ihr Vertrauen in die Methode sowie ihr Interesse an einer sauberen Arbeitsgrundlage, auch oder gerade wenn sie nur 50 Prozent des Betrages für ihr eigenes Land bezahlen müssen. Wenn Sie die Zustimmung des Vorstands haben, beginnt die Detailarbeit mit den Ländern.

2.2 Das richtige Forschungsdesign

Nach Ihrer internen Überzeugungsarbeit für die Markenführung weiß das Unternehmen bereits, wie hoch der *monetäre Markenwert* ist und wie hoch sich sein Anteil am Unternehmenswert beläuft. Diesen Wert langfristig zu erhöhen, ist ein hehres Ziel, jedoch konjunkturellen Schwankungen unterworfen. Hier hilft das Verständnis, dass der Markenwert seine Bedeutung aus der *Markenstärke* zieht. Diese ist ein konjunkturell stabileres Konstrukt als der Markenwert selbst, es setzt sich – je nach Anbieter des Markenstärkekonzepts – aus verschiedenen rationalen (z. B. Bekanntheit), emotionalen (z. B. Identifikation mit der Marke) und verhaltensbedingten (z. B. Kaufintention) Indikatoren zusammen. Wenn Sie für eine internationale Marke tätig sind und weltweit zu einem Zeitpunkt ein Röntgenbild der Marke erstellen wollen, rate ich Ihnen zu einer repräsentativen, internationalen quantitativen Studie, welche die wichtigsten Konkurrenten einbezieht. Diese beschreibt die Markenstärke *und* erklärt sie.

Eine sinnvolle Methode: indirekte Befragung

Das Wichtigste an einer Befragung ist für Sie, dass Sie valide Einsichten gewinnen, die zu konkreten, nachvollziehbaren Entscheidungen führen. Sie sollten unbedingt darauf achten, dass die Befragten unvoreingenommen und unbeeinflusst ihre ehrliche Meinung äußern. Dazu gehört beispielsweise, dass den Befragten zu Beginn der Studie der Auftraggeber nicht bekannt ist – wer sagt einem schon ins Gesicht, was ihm missfällt? Aber auch so lässt sich das Phänomen der „sozial erwünschten Antworten" nicht immer vermeiden. Wird er direkt zu für ihn heiklen Themen befragt, antwortet er so, wie er glaubt, dass es sozial erwünscht wäre oder sein Prestige fördert. In allen diesen Fällen haben Sie wenig von seinen Antworten, weil sie zwar gut gemeint, aber nicht ehrlich sind. Befragen Sie Ihre Kunden und solche, die es werden sollen, „um die Ecke herum", also *indirekt* nach ihren Meinungen und stellen Sie sicher, dass das Institut nicht preisgibt, wer sein Auftraggeber ist.

Das richtige Forschungsdesign

Was heißt nun „indirekt befragen"? Die indirekte Befragung wird so genannt, weil sich die eigentliche Absicht der Frage, d. h. das dahinter liegende Informationsinteresse, den Befragten nicht unmittelbar erschließt. Man fragt z. B. bei der Parfumauswahl nicht: „Wie wichtig ist Ihnen der Preis, wie wichtig, dass es verführerisch riecht oder dass der Flakon schön aussieht?" Vielmehr werden die einzelnen Kriterien bewertet (Wie hoch ist der Preis? Wie verführerisch riecht es? Wie schön ist der Flakon?) und dann aus der Kaufbereitschaft oder Affinität zum Gesamtprodukt *rechnerisch* auf den Stellenwert der Kriterien geschlossen. Empirisch konnte gezeigt werden, dass die Ergebnisse von direkter und indirekter Befragung zwar ähnlich sein können, oft aber deutlich auseinander liegen. Gerade beim Preis und bei emotionalen Themen ist der Unterschied meist so erheblich, dass eine direkte Befragung zu völlig falschen Schlussfolgerungen führt. In der Praxis kann dies manchmal zu verschenkten Gewinnen aufgrund zu niedrig angesetzter Preise führen.

Achten Sie drauf, dass Ihr Marktforschungsinstitut Ihnen die Markenstärke nicht nur beschreibt, sondern auch erklärt! Es hilft Ihnen nicht zu wissen, dass Ihre Schokolade auf der 100-Punkte-Skala 85 Punkte hat und das entsprechende Produkt Ihres Erzfeindes 87. Sie wollen schließlich wissen, warum dies so ist und was Ihre großen und kleinen Hebel sind, die Situation zu Ihren Gunsten zu verändern.

Da nicht nur die Marke ein komplexes Gebilde ist, sondern auch die Kundenentscheidung für Ihre Marke aufgrund vielfältiger Kriterien, Gründe und Auslöser zustande kommt, ist es nahe liegend, ein Modell zu bilden, das zahlreiche Kriterien als Ursache des Verhaltens einbauen kann. Solch ein Verfahren wird *multivariat*, d. h. viele Kriterien beinhaltend, genannt. Der Einsatz von Strukturgleichungsmodellen bietet sich hier in besonderem Maße an – dies wird im dritten Kapitel näher erläutert.

Abdeckung der Studie nach der 80:20 Regel
In welchen Ländern soll die Studie stattfinden?
Natürlich wäre es schön, wenn die Markenforschung wirklich in allen Ländern, in denen Sie Ihre Produkte und Dienstleistungen verkaufen, durchgeführt werden könnte. Aber eine Kosten/Nutzenbetrachtung führt meist schnell zur Verwerfung dieser Idee – denn z. B. 50.000 bis 100.000 Euro oder mehr dafür auszugeben, um zu erfahren, was in Nepal oder Zimbabwe Markentreiber sind, erscheint wenig unternehmerisch. Pragmatisch ist eine ziel-, umsatz- oder potenzialorientierte Auswahl der Länder: Entweder Sie nehmen so viele Länder, bis 80 Prozent des Umsatzes der Unternehmensvision im Jahre 2010 erreicht

sind, oder Sie nehmen Ihre bedeutendsten Länder von heute (nach Umsatz oder noch besser Ergebnis) und die stark wachsenden Länder, so dass Sie nach der guten alten 80:20 Regel einen Großteil Ihres Geschäftes abgedeckt haben. In den meisten Firmen werden sieben bis zehn Länder (von oftmals 30 bis 100 bedienten Ländern) gewählt, und man kann aufgrund kultureller Ähnlichkeiten von einigen abgedeckten Ländern noch auf weitere schließen (z. B. Kanada in Anlehnung an die USA und Frankreich, Korea, das sich an den USA ausrichtet, Australien mit englischem Touch – natürlich nicht ideal, aber immer besser als geraten).

Eine Einschränkung gibt es für große Potenzialmärkte, in denen Ihre Marke quasi noch nicht vertreten ist: Wenn Konsumenten noch nicht nach Ihrer Marke gefragt werden können, müssen Sie sich einen alternativen Ansatz überlegen. Solch ein Ansatz ist idealtypisch eine „kleine Schwester" der Studie für die reiferen Märkte, in dem Sinne, dass sie zwar simpler, aber kompatibel angelegt ist, um Ergebnisse so weit wie möglich vergleichbar zu machen.

Wenn Ihr Umsatzpotenzial sich auf zu viele geographische Märkte verteilt, sodass Sie 20 oder mehr Märkte befragen müssten um 80 Prozent zusammen zu bekommen, empfiehlt sich eine Auswahl nach Kunden bzw. Potentialkunden. So lassen sich Forschungskosten sparen.

Werden Konkurrenten mit einbezogen?
Da Sie sich gedanklich nicht im Elfenbeinturm befinden wollen, reicht es nicht aus, zu verstehen wie „gut" es Ihrer Marke *absolut* betrachtet geht – Sie brauchen den Überblick über die wichtigsten Konkurrenzmarken. Aufgrund der Befragungsintensität bzw. Länge des Fragebogens sollten Sie sich auf die wichtigsten beschränken. Wie suchen Sie diese aus? Stellen Sie sicher, dass Sie die internationalen Wettbewerber, so es sie gibt, in jedem Land dabeihaben, um später überprüfen zu können, wie global Ihre Marke wirklich ist. Zum anderen ist eine kundenorientierte Sicht sinnvoll, das heißt die Marktteilnehmer, die Ihre Kunden als engste Wettbewerber sehen, sind Ihre wahren Wettbewerber.

Welche Segmente werden abgedeckt?
Ihre interne Marktforschungsabteilung wird sich leicht tun, die wesentlichen Merkmale Ihrer Zielgruppen zu benennen. Eine solche Zielgruppe könnten für unsere Beispielfirma *Charisma* z. B. akademisch gebildete Menschen zwischen 30 und 50 Jahren in Großstädten ab 200.000 Einwohnern mit Nettoeinkommen über 50.000 Euro sein. Zu diesem Zeitpunkt ist es sinnvoll, *Charisma* kurz vorzustellen: Als österreichische Firma produziert und vertreibt sie weltweit einzigartige exklusive Produkte, die man nicht braucht, wohl aber will.

Ihre Marktforschungsagentur legt die notwendige Stichprobengröße fest und empfiehlt, welche Befragungsmethode (persönlich, telefonisch oder online) zum Einsatz kommen soll. Was früher nur über teure persönliche Befragungen zu validen Ergebnissen führte, ist heute oft übers Telefon oder gar online möglich – was die benötigte Zeit und die entstehenden Kosten erheblich reduziert. Auch kulturell hat sich einiges angeglichen bzw. an günstigen Befragungsmöglichkeiten eröffnet: Wurden noch vor wenigen Jahren im japanischen Management oft nur persönliche Befragungen akzeptiert, sind Telefonbefragungen überhaupt kein Problem mehr. Selbst bei so genannten. „schwierigen" Zielgruppen sind in vielen Ländern Online-Befragungen schon akzeptiert.

Organisatorisches: eine qualifizierte Agentur

Wählen Sie eine Agentur, die Erfahrung mit multivariaten Methoden hat und die Ergebnisse so darstellen kann, dass man sie versteht. Viele Agenturen meinen es sehr gut mit dem betreuten Unternehmen und verpacken unangenehme Wahrheiten charmant als Vorteil – erklären Sie, dass Sie ungeschönte Ergebnisse wollen und keine politisch korrekten. Am besten Sie überprüfen die Ergebnisse stichprobenartig selbst, insbesondere dort, wo Interpretationsspielraum besteht, z. B. bei Faktorbenennungen – dazu später mehr.

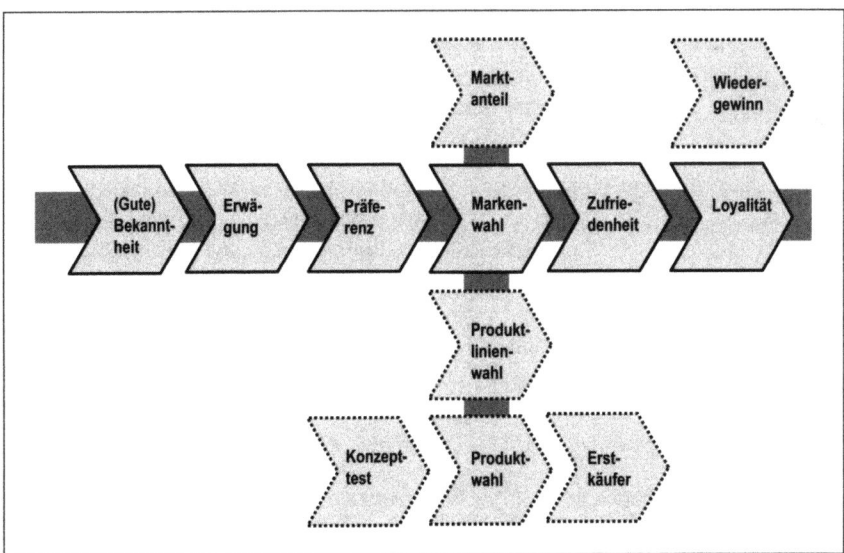

Abbildung 16: Verzahnung der Studien über den gesamten Beziehungsprozesses und das Angebotsspektrum

Noch bevor Sie die Studie beginnen, sollten Sie wissen, wie die Markenforschungsstudie mit anderen Studien Ihres Unternehmens verzahnt wird und wie damit thematische Redundanzen vermieden und Gesamtkosten gesenkt werden können. Die Verzahnung sollte sowohl thematisch (Marke als übergeordnete Einheit von Produktlinien, diese wiederum von Produkten) als auch über den gesamten Prozess der Kundenbeziehung hinweg erfolgen, also von Bekanntheit, über Interesse bzw. Erwägung, die Präferenz, Markenwahl, Grad der Zufriedenheit bis hin zur Loyalität.

Aufsetzen der Studie: Pilotprojekt, Ideen für Erfolgsfaktoren der Marke

Ob Sie ein *Pilotprojekt* durchführen oder nicht, hängt von Ihrer Firmenkultur sowie Ihrer bisherigen Erfahrung mit Markenforschung ab. Ein Pilotprojekt hat den Vorteil, dass Sie aus eventuell begangenen Fehlern lernen, den Lieferanten testen und Anpassungen vornehmen können, dabei verlieren Sie jedoch Zeit. Auch ist aufgrund unterschiedlicher Erhebungszeitpunkte und damit Saisonalitäten nicht mehr die volle Vergleichbarkeit zwischen den Ländern gegeben.

Wenn Sie nun die Erfolgsfaktoren für Markenstärke erforschen wollen, sollten Sie natürlich Ideen haben, was diese ausmachen. Verwenden Sie Erkenntnisse aus alten Studien als Inspiration für eine erste Liste. Führen Sie einen internen, interdisziplinären Workshop mit Produktentwicklern, Produktmanagern, und Verkaufspersonal durch, um weitere Kriterien zu generieren. Je nach Studiendesign können circa 40 bis 80 Kriterien aufgenommen werden, die naturgemäß teilweise sehr ähnliche Themen beschreiben:

- Nutzen Sie das im Unternehmen verfügbare Know-how, um sicherzustellen, dass nichts für die Kunden Unwichtiges abgefragt wird und dass Relevantes verborgen bleibt – sonst können Sie Markenstärke nicht wirklich erklären und das Modell führt sie auf eine falsche Fährte.
- Bitten Sie das Institut um Vorschläge – auf jeden Fall sollte das Institut bei Reduzierung der Anzahl der Kriterien auf eine testbare Menge beteiligt sein.
- Immer sollten rationale Produktkriterien wie Qualität und Zuverlässigkeit dabei sein sowie emotionale Kriterien wie Freude, Infrastrukturkriterien wie Erhältlichkeit oder gute Werbung sowie das optische Erscheinungsbild.

Dies ist ein kritischer Schritt auf dem Weg zu einer optimalen Markenidentität. Stimmen Sie den Fragebogen inhaltlich und semantisch mit den einzelnen Ländern ab – selbst zwischen England und den USA gibt es semantische Unterschiede: Was in Amerika „joy" ist, heißt in England „pleasure". Hilfreich ist, wenn die Ländergesellschaften Hypothesen erstellen, welche Ergebnisse diese für die Marken in ihren Ländern erwarten: z. B. dass der hohe Preis der Produkte ein Misserfolgsfaktor für die Marke ist. Es wird Ihnen helfen, zielgerichtet zu präsentieren und hinterher den Wert der Studie aufzuzeigen, z. B. wie viele neue Erkenntnisse durch die Studie zu Tage traten.

2.3 Voraussetzungen einer starken Marke und erste Analysen

Die wichtigsten Kennziffern sind zunächst die, die den Kaufentscheidungsprozess von der Bekanntheit bis zum Kauf abbilden und den Weg dorthin quantitativ festhalten. Dies nennt man im Allgemeinen *Kauftrichter*.

- Bevor jemand eine Marke kauft, muss er sie kennen, in der Regel gut kennen, in Erwägung ziehen, sie anderen vorziehen und dann kaufen. Diese Dinge können Sie direkt messen.
- Dann interessiert Sie natürlich die *Markenstärke*, die aus verschiedenen Indikatoren zusammengesetzt ist, und die Sie indirekt als Mittel- oder Indexwert verschiedener Indikatoren messen.

Eine direkte Befragung nach „Markenstärke" ist nicht empfehlenswert, da jeder Befragte dieses künstliche Konstrukt anders verstehen würde. Eine Marke ist dann stark, wenn man sie besitzen möchte, intendiert, sie zu erwerben, sie weiterempfehlen würde, etc. Auf Basis von Daten des Marktforschungsinstituts GfK kann sogar geschlussfolgert werden, dass dieses Konstrukt Markenstärke enger mit dem langfristigen Markenerfolg zusammenhängt als die Kaufabsicht selbst.

In einer optimalen Analyse werden die mittels der Markenforschung gewonnenen Ergebnisse mit realen Kennzahlen aus dem Markt, so z. B. dem Marktanteil, angereichert und in Zusammenhang gebracht. Haben Sie zusätzlich noch Loyalitätsraten bzw. Wiedergewinnungsraten zur Hand, können Sie den Kauftrichter in einen *Beziehungstrichter* verwandeln. Dies bietet sich in einem umfassenden Markenführungsmodell an, bei dem die Markenwahl als nur ein Aspekt innerhalb des Kundenbeziehungsprozesses gesehen wird. Warum nur den Prozess von der Bekanntheit bis zum Kauf messen? Manche Firmen ergänzen den Trichter deshalb um Markentreue, also „Loyalität". Darüber hinaus kann man die „zweite Chance" integrieren, d. h. den Wiedergewinn von bereits verlorenen Kunden.

Transferraten: die Würze im Kauf- oder Beziehungstrichter

Sie interessieren sich vor allem für die absoluten Zahlen innerhalb des Trichters, denn schon hier offenbaren sich erste Herausforderungen der Marke: Gilt es, die Bekanntheit zu erhöhen, die Präferenz zur Marke zu steigern oder vorhandene Präferenz besser in Kauf umzusetzen? Die wahren Schätze der Analysen liegen jedoch tiefer und lassen sich erst in den so genannten *Transferraten* ergründen. Diese Raten zeigen die Übersetzung bzw. den Verlust zwischen den Schritten, also z. B. von der Bekanntheit zur Erwägung oder von der Erwägung zur Präferenz. Sie zeigen Ihnen sofort, wo im Länder- oder Konkurrenzvergleich der Schuh klemmt.

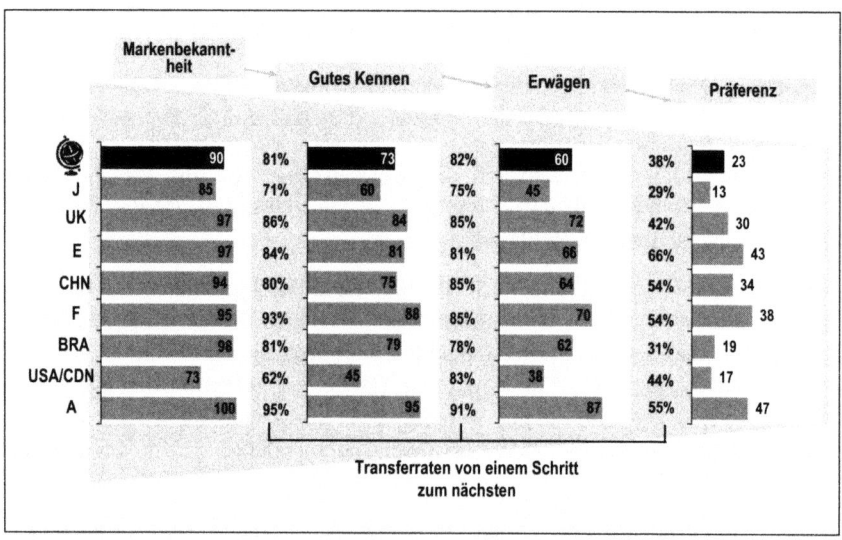

Abbildung 17: Der Kauftrichter betrachtet die Schritte von der Bekanntheit bis zum Kauf

In unserem Beispiel mit frei erfundenen Werten geht es zunächst um Kundengewinnung, weshalb Sie einen klassischen Kauftrichter sehen, den Sie nach Belieben zu einem vollständigen Beziehungstrichter erweitern können. Sie sehen im Beispiel, dass unsere Modellfirma *Charisma* insbesondere in Japan herausgefordert ist: eine mäßige Transferrate zwischen Bekanntheit und guter Bekanntheit (von 85 Prozent Kennern kennen nur 60 Prozent die Marke gut) und eine schlechte Rate zwischen Erwägung und Präferenz (von 45 Prozent Erwägern bevorzugen nur 29 Prozent die Marke, das heißt insgesamt 13 Prozent). Die

Voraussetzungen einer starken Marke und erste Analysen   47

Tatsache, dass *Charisma* in Japan keine eigenen Läden hat und sich kommunikativ nicht an den Markt angepasst hat, zeigt sich hier deutlich. Die Transferraten und natürlich damit auch die absoluten Werte für Österreich hingegen wirken perfekt, weil sie durchgängig hoch sind.

Exkurs zur „Ablehnung" und „ausschließlichen Erwägung"

Innerhalb der *Erwägung* gibt es zwei zusätzliche, nützliche Informationen: Die stärkste Form der Nicht-Erwägung heißt „Ablehnung", die stärkste Form der Erwägung „ausschließliche Erwägung", d. h. für den Befragten kommt nur diese eine Marke in Frage, sonst keine. Dieser Zustand ist natürlich sehr erstrebenswert, weil er die höchste Form der Einzigartigkeit darstellt. Meist bricht die Analyse jedoch mit dem innerbetrieblichen Wunschdenken, dass der Markt ausschließlich die eigene Marke in Erwägung ziehen soll – vielmehr besteht in den meisten Fällen recht intensive Konkurrenz zur eigenen Marke.

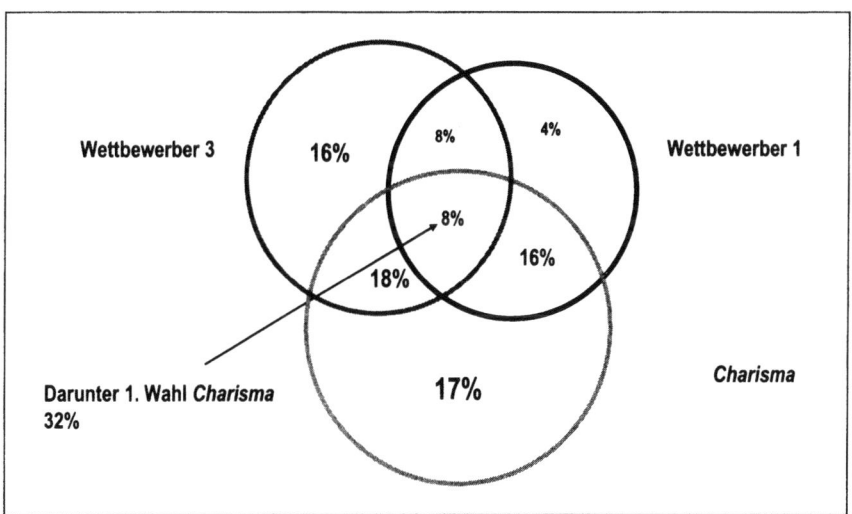

Abbildung 18: Exklusive Erwägung und Mehrfacherwägung. Hohe exklusive Erwägung für *Charisma*, stärkster Wettbewerber Nr. 3

Charisma hat eine recht hohe alleinige Erwägung, und Wettbewerber 3 ist der etwas stärkere Konkurrent als Wettbewerber 1. Wettbewerber 2 hat wenige Berührungspunkte mit *Charisma* und wurde deshalb gar nicht in das Schaubild aufgenommen. Von den letztendlich 23 Prozent Präferenz aus der vorigen Abbildung kommen 17 Prozent aus der alleinigen Erwägung für *Charisma* und die restlichen 6 Prozent aus gemeinsamer Erwägung mit anderen Marken (18 Prozent plus 8 Prozent plus 16 Prozent), das ist keine gute Ausbeute!

Zusätzlich wird die Information ausgewertet, ob Marken von vornherein abgelehnt werden: Ablehnung in Erwägung zu ändern ist vielleicht die schwierigste Aufgabe eines Markenmanagers – kurz- bis mittelfristig ist diese Zielgruppe daher nicht zu erreichen. *Charisma* wird im Beispiel fast nicht abgelehnt, polarisiert also wenig. Wettbewerber 3 hingegen wird von einer größeren Zielgruppe abgelehnt. Warum, erfahren wir später.

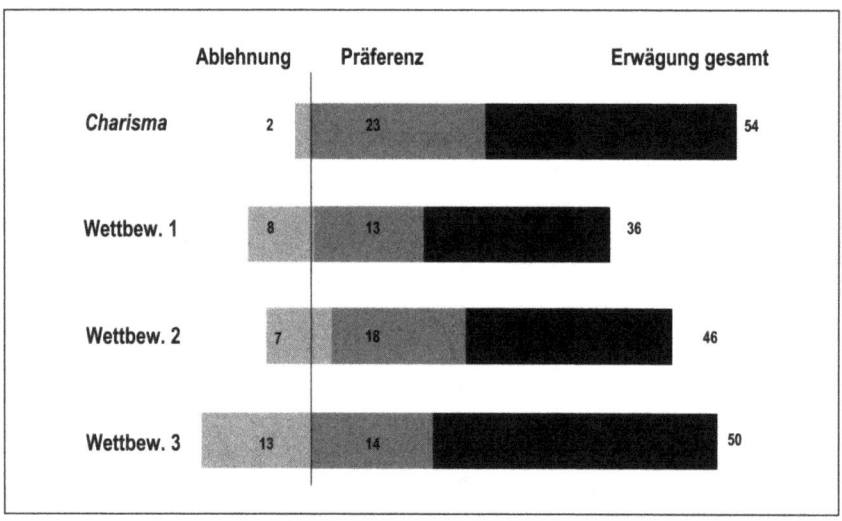

Abbildung 19: Ablehnung und Polarisierung für die Wettbewerber –
quasi keine Ablehnung für *Charisma*

Präferenz und deren Umwandlung in Marktanteil

Spielen Sie zur Präferenz den wahren Marktanteil hinzu, entdecken Sie, wie gut Ihr Markenpotenzial ausgeschöpft wird. Auf der x-Achse ist der Marktanteil Ihrer Marke in dem jeweiligen Land abgetragen, auf der y-Achse ist die Präferenz für Ihre Marke eingezeichnet.

Wird die Präferenz perfekt in Kauf umgemünzt, befinden sich die Länderdaten direkt auf der Diagonalen. Sind die Punkte oberhalb der Diagonalen, wird nicht jede Präferenz in Kauf, sondern eher in eine hohe Preisposition umgemünzt: Hierbei handelt es sich um Premiummarken. Diese werden begehrt, aber nicht immer gekauft.

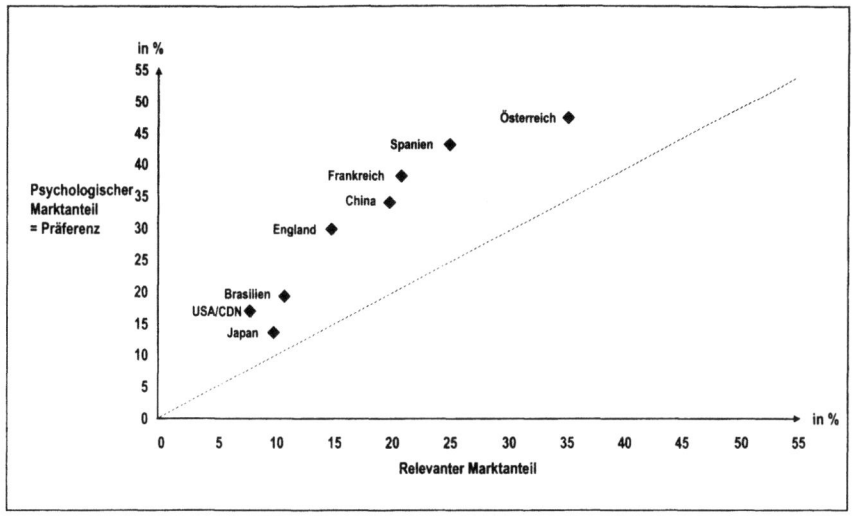

Abbildung 20: Die Präferenz zeigt das aktuelle Potenzial der Marke und ihre Umsetzung in Marktanteile. Österreich für *Charisma* in perfekter Position

2.4 Markenstärke, -assoziationen und Schönheitsflecken

Bevor Sie nun erörtern, wie stark Ihre Marke im Wettbewerbsumfeld ist, sollte man verstehen, welche Produkte oder Dienstleistungen der Befragte assoziiert, wenn er an die Marke denkt, was also das heutige Fundament der Marke ist. Man fragt, an welche Produkte oder Dienstleistungen der Befragte besonders denkt, wenn er die Marke bewertet. Meist sind dies klassische Geschäftsfelder, bei Vorwerk würde man immer noch an Staubsauger – und besonders den *Kobold* – denken und weniger den Teppichboden oder Dampfreinigungsgeräte; bei McDonalds an den Big Mac und an Pommes Frites mehr als Salate und andere gesunde Produkte. Wichtig für Sie ist zu wissen, ob die Konkurrenzmarken ähnliche Produktassoziationen hervorrufen wie Ihre Marken bzw. ob sich die Assoziationen Ihrer Kunden in den untersuchten Ländern deutlich unterscheiden. Dort, wo Ihre Marke hohe Werte aufweist, sind die heutigen Träger der Marke – im positiven wie im negativen Sinne.

Produktassoziation in % [1]	Charisma	Wettbew. 1	Wettbew. 2	Wettbew. 3
Technische Innovationen	(76)	26	10	(62)
Einzelstücke	18	5	4	14
Genuss & Küche	13	(51)	2	2
Design & Dekoobjekte	11	(40)	13	10
Reise & Urlaub	7	7	(43)	(46)
Mode & Trend	4	5	4	2
Sonstiges	2	3	2	1

Abbildung 21: Assoziationen mit der Marke – die heutigen Säulen

Mit *Charisma* werden derzeit hauptsächlich technische Innovationen assoziiert, während Wettbewerber 1 mit Genuss, Küche und Design in Verbindung gebracht wird. Wettbewerber 3 steht auf einem breiteren Fundament und erscheint mit den Kernkategorien dieser beiden Wettbewerber in den Gedanken der Verbraucher; Wettbewerber 2 steht hauptsächlich für Reise- und Urlaubsutensilien.

Markenstärke

Kommen wir zur Markenstärke: Wie bereits erwähnt ist Markenstärke ein künstliches Konstrukt, d. h. ein Faktor, der sich aus verschiedenen Indikatoren zusammensetzt und für alle Branchen passt. Verschiedene Anbieter operationalisieren ihn unterschiedlich – eine gelungene und umfassende Operationalisierung sehen Sie in nachfolgender Abbildung 22.

Die Ergebnisse der Befragung entlang der Indikatoren der Markenstärke können in Form einer „Spinne" dargestellt werden (vgl. Abbildung 23). Hier offenbart sich schon, wie unterschiedlich die Kulturen auf ein und dieselbe Marke reagieren. „Runde" Spinnen sind Länder, die einfacher zu bedienen sind als „herzförmige", weil die Konsumenten loyaler und weniger preissensibel sind. Im konkreten Beispiel ist China ein für die Marke einfacherer Markt (sehr loyal und wenig preissensibel) und Frankreich eine große Herausforderung, weil illoyal und preissensibel.

Markenstärke, -assoziationen und Schönheitsflecken 51

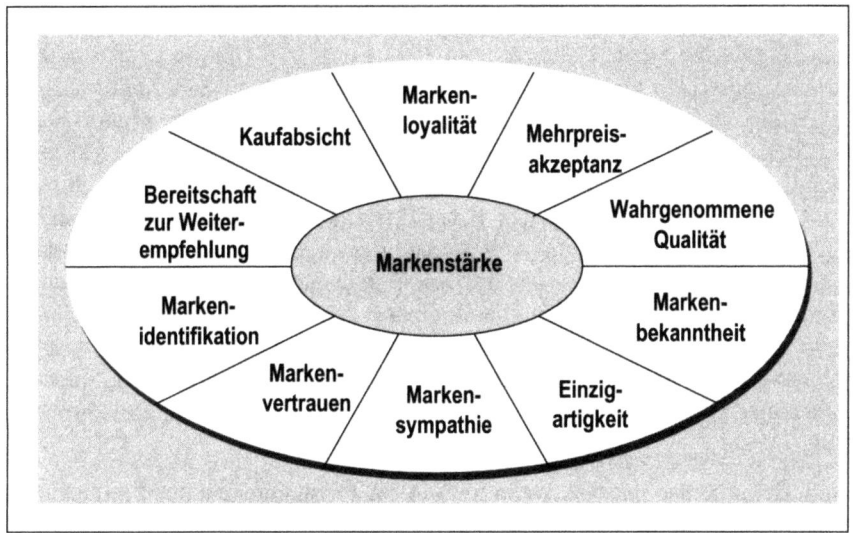

Abbildung 22: Elemente der Markenstärke: rationale, emotionale und verhaltensbedingte Indikatoren (Quelle: GfK)

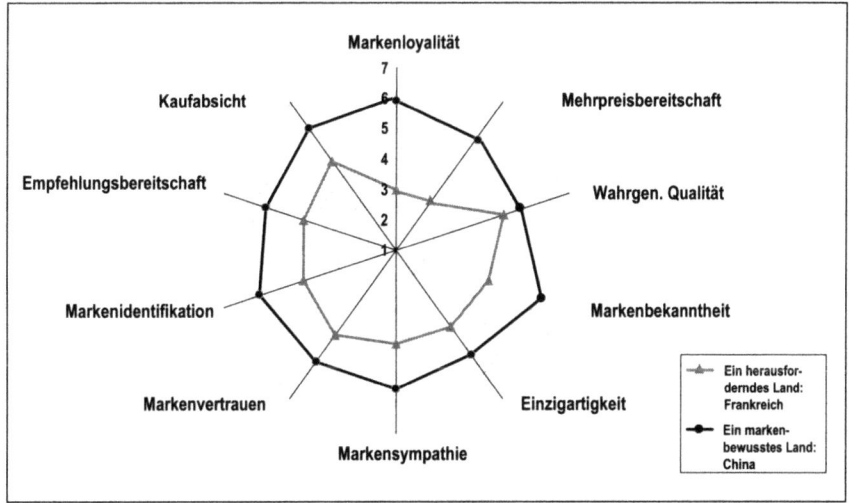

Abbildung 23: Die „Spinne" zeigt das generelle Markenverhalten der Länder-Leistungen entlang der Indikatoren der Markenstärke

Der Durchschnittswert aller Indikatoren ergibt die Markenstärke auf einer vorher festgelegten Skala, beispielsweise von „1" bis „7". Um die Länder miteinander vergleichbar zu machen, bietet es sich an, einen *relativen Markenstärkeindex* einzuführen, der die absolute Markenstärke der eigenen Marke geteilt durch den besten Konkurrenten darstellt (siehe folgende Abbildung). Auf diese Weise können Sie unterschiedliche Markenaffinitäten der Länder kalibrieren bzw. „herausrechnen". In Asien haben Marken grundsätzlich einen höheren Stellenwert als z. B. in Frankreich, so dass das allgemeine Niveau der Markenstärke höher ist, auch wenn das überhaupt nichts über die Konkurrenzsituation aussagen muss, weil alle Konkurrenten höher bewertet werden. Ziel ist, in jedem Land eine relative Markenstärke von über „eins" zu haben: Denn dies bedeutet, stärkste Marke im relevanten Wettbewerbsumfeld zu sein, da man die Markenstärke der eigenen Marke durch die Markenstärke des Konkurrenten teilt.

Eine Besonderheit entsteht, wenn Sie sich als Premiummarke nicht mit anderen Premiummarken messen, sondern mit „normalen" Marken. Dann reicht es nicht mehr, ein wenig stärker zu sein. Dann ist Ihre Marke zwar die *stärkste* Marke, aber nicht wirklich *deutlich* gefragter als die andere Marke. Als Faustregel hat sich herauskristallisiert, dass „1.1" den Premiumstatus andeutet: Stellen Sie sich einfach vor, dass die Befragten die Indikatoren der Markenstärke bei einer Premiummarke im Schnitt zehn Prozent höher bewerten als bei einer „normalen" Marke, was ein *fühlbarer* Unterschied ist. Und fühlbar muss er schließlich sein, wenn der Kunde bereit sein soll, dafür deutlich mehr zu bezahlen. Da *Charisma* eine Premiummarke ist, besteht offenbar in Japan und Brasilien bezüglich einer gelungenen Positionierung noch Handlungsbedarf (vgl. Abbildung 24).

Der Inhalt der Abbildung mag Sie etwas verwundern, da Markenstärke hier für zwei Segmente gezeigt wird: einmal das Segment der *Guten Kenner*, d. h. all jene, die von sich selbst behaupten, die Marke gut zu kennen, und zum zweiten die *Erwäger*, d. h. alle die, die die Marke zum Kauf in Erwägung ziehen. Der Gesamtmarkt wird demnach nicht herangezogen, denn nur wer über die Marke gut informiert ist, kann detaillierte Auskunft über ihre Eigenschaften geben. Kennen bedeutet aber noch lange nicht, dass man die Marke mag oder den Kauf erwägt. Denken Sie an eine Tupolev, das russische Flugzeug, das schon einige Male durch Abstürze in die Schlagzeilen geriet. Viele Menschen kennen diesen Typ, aber nicht alle würden damit gerne fliegen. Das Segment der Erwäger der jeweiligen Marke ist schon „näher an der Marke dran" als die Kenner. Deshalb ist die erste Zielgruppe, d. h. die der *Guten Kenner,* größer und meist kritischer als die zweite Gruppe der *Erwäger*. Wir kommen im nächsten Kapitel darauf zurück.

Markenstärke, -assoziationen und Schönheitsflecken 53

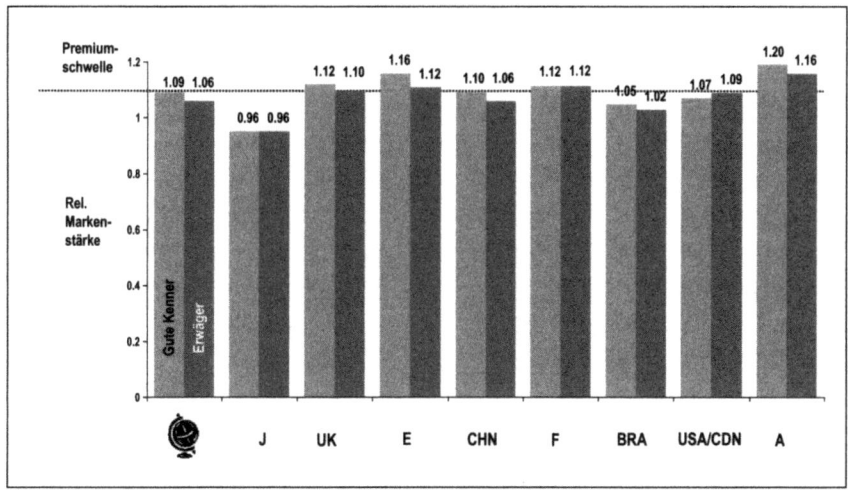

Abbildung 24: Relative Markenstärke über die Länder – für Charisma am höchsten im Heimatmarkt

Vor der Erklärung der Markenstärke – Ihr eigentliches Anliegen – beschreiben Sie Auffälligkeiten der Marke, zeigen Sie, was Ihre Marke und die der Konkurrenz im besonderen Masse auszeichnet, quasi ihre Charakterzüge. Hierzu nehmen Sie die Kriterien heran, die auch für die spätere Erfolgsfaktorenbildung von den Befragten bewertet wurden, und sortieren sie danach, ob sie im Konkurrenzvergleich besonders hohe Werte bekommen haben. Es zeigen sich „Ecken und Kanten" der Marken, die Sie aus früheren Studien schon kennen und die „mit dem Bauchgefühl übereinstimmen".

So unterhaltsam und interessant diese Darstellung ist – so viel wichtiger ist, ob diese Eigenschaften wirklich *relevant* für Ihre Zielgruppe sind: Handelt es sich, falls es sich um eine negative Eigenschaft handelt, um eine echte „Markenbehinderung" oder nur einen „Schönheitsfleck"? Etwas, das nicht nur in Kauf genommen wird, sondern wie der Leberfleck bei Cindy Crawford die Marke besonders betont, differenziert und sogar geliebt wird.

	Charisma		Wettbew. 1		Wettbew. 2		Wettbew. 3	
1.	Ist was Besonderes	169	Ist altmodisch	120	Luxuriös	108	Vermarktet aggressiv	
2.	Kann sich nicht jeder leisten	161	Steht für Genuss	110	Nette Verkaufsmannschaft	105	Gibt es überall	126
3.	Macht Freude	137	Hat Tradition	105	Toller Service	101	Höre ich viel von	124
4.	Hat originelle Produkte	129	Ist solide	90	Ist kundenorientiert	95	Breite Produktpalette	120
5.	Individuell	127	Hat einen guten Ruf	87	Breite Produktpalette	94	Gutes Preis-Leistungsverhältnis	
6.	Kriegt man nicht überall	126	Qualitativ hochwertig	85	Hat technisch perfekte Produkte	91	Produkte machen Spaß	114
7.	Ist teuer	125	Gutes Preis-Leistungsverh.	82	Liebe zum Detail	90	Ist modern	112
8.	Hat zuverlässige Produkte	124	Schönes Design	82	Außergewöhnlich	90	Macht gute Laune	97
9.	Fasziniert	118	Breite Produktpalette	83	Immer neue Ideen	89	Hat Kultartikel	97
10.	Hat technisch perfekte Produkte	110	Fasziniert	81	Individuell	79	Schönes Design	95

Abbildung 25: Die schillerndsten Charakterzüge und Schönheitsflecken der Marken – unabhängig davon, ob sie relevant sind oder nicht

Nun sind wir an dem Punkt angelangt, an dem heutige Forschung oft schon aufhört. Wir wissen, wie stark die eigene Marke im Konkurrenzumfeld ist. Die meisten eher beschreibenden Forschungsdesigns verwenden gerne die „100 Punkte Frage" – bei ihr wird eine nicht existente „ideale" Marke gleich 100 Punkte gesetzt und die vorhandenen Marken erhalten Punkte. Dort sieht man, dass der Konkurrent vielleicht einige Punkte mehr hat als die eigene Marke und wo die unterschiedlichen Marken besonders stark und eher schwach sind.

Das ist zwar wichtig zu wissen, aber lediglich die notwendige, nicht die hinreichende Bedingung. Denn wenn Sie einen Auftrag nicht bekommen, wollen Sie doch auch wissen, *weshalb* ein anderer den Vorzug bekommen hat, um es das nächste Mal besser zu machen. Das nächste Kapitel zeigt Ihnen, wie eine Erklärung der Markenstärke funktioniert. Außerdem hilft die Kenntnis der Position einer idealen Marke nicht wirklich weiter – zum einen neigen Kunden zu einer Inflation ihrer Ansprüche, sie wollen „alles" – und zwar sofort. Zum anderen führt eine Idealmarke als Zielposition zu einer Annäherung der verschiedenen Marken – und gerade nicht zur gewünschten Differenzierung.

Quintessenz

▷ Globale Markenforschung ist eine Investition, die auch zunächst dem Geldgeber bzw. den involvierten Ländern/Bereichen verkauft werden muss. Wenn der Nutzen über die Ziele dargestellt wird, der alte und neue Ansatz mit den Vorzügen gegenübergestellt werden und die Finanzierung zwischen Zentrale und Ländergesellschaften geteilt wird, kann dies der Beginn eines umfassenden Markenforschungsprojektes sein.

▷ Zur Planung der Markenforschung gehört die frühzeitige Verzahnung mit anderen Marktforschungsstudien: Markenwahl wird mit der Produktlinien- und Produktwahl vertikal verzahnt. Der Kaufprozess geht von der Bekanntheit bis zum Kauf durch Verknüpfung mit Zufriedenheitsstudien und Loyalisierungszahlen in einen Beziehungsprozess über.

▷ Gute Markenforschung wendet anspruchsvolle statistische Methoden an, die das komplexe Phänomen der Marke in seiner Vielschichtigkeit abbilden. Schlüssel ist hier dennoch die einfache, pragmatische Darstellung, ohne zu stark zu simplifizieren – das Ziel ist anspruchsvolle Schlichtheit. Quantitative Methoden, die nicht nur beschreiben, sondern auch erklären, ist der Vorzug zu geben, sinnvoll ergänzt von gezielt eingesetzten qualitativen Studien.

▷ Indirekte Befragungen, d. h. rechnerische Ermittlung der Wichtigkeit von Kriterien, ist der direkten Befragung aufgrund des Problems der Verzerrung der Ergebnisse durch sozial erwünschte Antworten stets vorzuziehen.

▷ Vor der Erklärung der Markenstärke wird der Kauf- bzw. Beziehungstrichter abgebildet: die Schritte zum Kauf von der Bekanntheit, der Erwägung bzw. Ablehnung, der Präferenz und dem Kauf werden mit den realen Marktanteilen zusammengebracht, um zu sehen, wie gut das Markenpotenzial bereits ausgenutzt wird. Neben den absoluten Zahlen interessieren vor allem die Transferraten von einem Schritt zum nächsten, um die Herausforderungen exakt zu lokalisieren.

▷ Zum Verständnis von Markenstärke hilft zu wissen, welche Produkte mit der Marke hauptsächlich assoziiert werden. Dies macht das heutige assoziative Produktfundament aus, ohne dass dies mit dem Umsatz dieser Produktgruppen zusammenhängen muss.

▷ Die höchsten Bewertungen im Wettbewerbsvergleich entlang der abgefragten Kriterien machen die Ecken und Kanten der Marke aus – im positiven wie im negativen. Diese sind als Einstieg wichtig, bevor eruiert wird, was wirklich relevant für die Marke ist – siehe nächstes Kapitel.

3. Markenerklärung: Stellhebel priorisieren

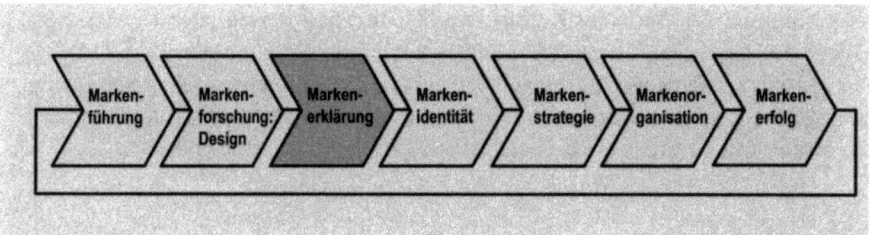

Am Ende dieses Kapitels wissen Sie ...

▷ um einen geeigneten Ansatz zur Erklärung von Markenstärke
▷ wie Sie Erfolgs- und Misserfolgsfaktoren im Markt ausmachen und daraus konkrete Handlungen ableiten können
▷ wie Sie ein lokales und globales Bild Ihrer Marke und der Konkurrenz erhalten
▷ was Sie für die Markenführung aus der zwischenmenschlichen Beziehung lernen können und warum Design so besonders wichtig ist

„Man soll die Dinge so einfach wie möglich machen. Aber nicht einfacher."
Albert Einstein

Nachdem wir die Werte des Kauftrichters kennen und wissen, ob eine Marke im Wettbewerbsvergleich stark ist, wüssten wir gerne, warum dies so ist. Darüber hinaus interessiert uns, bei welchen Aspekten die Konkurrenz eine Bedrohung der Marke darstellt. Dies bedeutet, die Markenhebel der Wettbewerber kennen zu lernen und zu erahnen, was bei diesen als nächstes geschehen wird.

3.1 Vorstellung des Ansatzes

Die Erklärung der Markenstärke geschieht in unserem Beispiel mithilfe eines kausalanalytischen Modells, eines Strukturgleichungsmodells. Vereinfacht ausgedrückt, kombiniert es Regressions- und Faktoranalyse. Lassen Sie mich kurz auf diese beiden Verfahren eingehen, aber keine Sorge, Sie werden keine Formeln lernen müssen. Eine *Regressionsanalyse* zeigt, ob es zwischen zwei Phänomenen einen Zusammenhang gibt, z. B. ob ein Joghurt mit zunehmendem Fettanteil als ungesünder eingestuft wird und wie eng dieser Zusammenhang ist. Diese Analyse erklärt ein Phänomen, in unserem Fall die Markenstärke, durch andere Phänomene, hier Erfolgs- und Misserfolgsfaktoren. Das Maß für die Enge des Zusammenhangs zwischen beiden heißt „Korrelationskoeffizient" und nimmt Werte zwischen -1 und + 1 an. Bei 0 ist überhaupt kein Zusammenhang gegeben (z. B. zwischen Schuhgröße und Intelligenz) und bei + 1 wäre er perfekt im gleichläufigen (je mehr Schokoriegel in einer Packung, desto größer das Gewicht der Packung) bzw. gegenläufigen Sinne (-1). Er wird Ihnen später noch einmal begegnen.

Die *Faktoranalyse* hingegen postuliert keinen Kausalzusammenhang, sie gruppiert lediglich Dimensionen, die aus Sicht der Befragten zusammengehören, in Faktoren. Es gibt viele Begriffe des täglichen und unternehmerischen Lebens, unter denen jeder etwas anderes versteht, weil sie sich eben nicht durch einen einzigen *Indikator* (= etwas direkt Messbares) beschreiben lassen.

Operationalisierung: Schwer Messbares messbar machen

Im wirtschaftlichen Sinne ist ein gutes Beispiel der Faktor „Unternehmensgröße". Wie könnte man diesen nicht direkt messbaren Begriff durch Indikatoren beschreiben bzw. umfänglich messen? Durch Umsatz? Sicherlich eine Möglichkeit, aber alleine für sich genommen unzureichend. Durch das Unternehmensergebnis? Eine weitere Möglichkeit, aber aufgrund der dort über die Jahre zu erwartenden größeren Schwankungen ein unzureichender Indikator. Über die Anzahl der Gebäude? Hängt vom Produkt ab, doch ist diese Betrachtungsweise im virtuellen Zeitalter auch weniger geeignet. Über die Mitarbeiterzahl? Schon besser, aber auch für sich nicht aussagekräftig genug. All diese Indikatoren hängen demnach mehr oder weniger mit der Größe des Unternehmens zusammen, und *in ihrer Gesamtheit* beschreiben sie Unternehmensgröße gut.

Oder denken Sie an den Begriff „Liebe". Wenn Sie unterschiedliche Menschen befragen, was sie unter Liebe verstehen, bekommen Sie unterschiedliche Antworten, je nachdem, was die Befragten gerade denken und welche Erfahrungen sie gemacht haben. Für konkrete Handlungsanweisungen ist es deshalb wichtig, in der Analyse *eindeutig* darzulegen, was hinter den Erfolgsfaktoren steckt. Diesen Vorgang nennt man *Operationalisierung*.

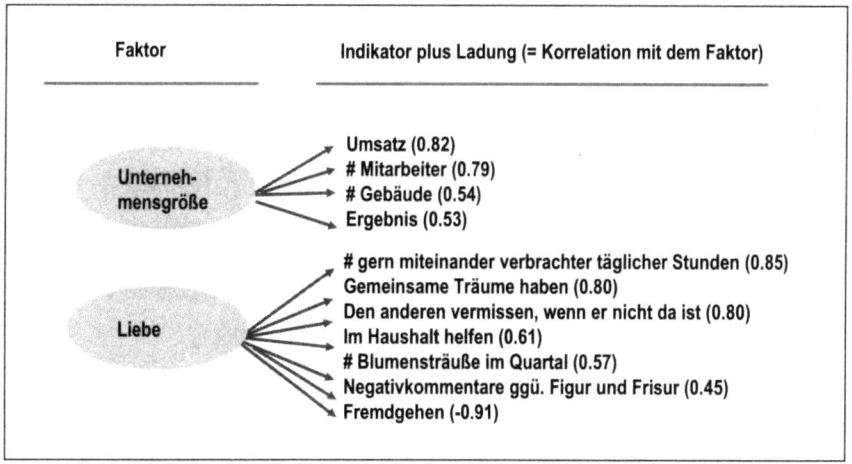

Abbildung 26: Faktoren werden durch mehrere Indikatoren operationalisiert

Die Operationalisierung zeigt genau, was sich hinter den Faktoren verbirgt. Die *Ladungen*, d. h. Korrelationen zwischen Indikator und Faktor in Klammer geben an, wie eng der einzelne Indikator mit dem Faktor zusammenhängt. Je enger der Indikator mit dem Faktor zusammenhängt, desto größer ist seine absolute Ladung, die zwischen −1 und +1 definiert ist. Bei 0 gibt es keinen Zusammenhang, bei +1 einen perfekt positiven und bei −1 einen perfekt negativen. Im Beispiel wäre die Anzahl täglich gern miteinander verbrachter Stunden (0.85) ein besserer Indikator für Liebe als die Anzahl Blumensträuße im Quartal (0.57), wobei Fremdgehen ein fast perfekter Zerstörer für Liebe wäre (−0.91). Wenn man einen Faktor positiv beeinflussen möchte, ist es demnach sinnvoll, die Indikatoren heranzuziehen, die die größten Ladungen aufweisen.

Strukturgleichungsmodell erklärt Zusammenhänge

Das Strukturgleichungsmodell verbindet nun zwei Dinge: 1. ein Strukturmodell, das mittels Regressionsanalyse zeigt, welche Faktoren der Marke generell zum Erfolg verhelfen und welche den Erfolg eher verhindern, mit 2. zwei Messmodellen, in denen Indikatoren via Faktoranalyse gruppiert bzw. umgekehrt diese Faktoren operationalisiert werden. Neben den Erfolgs- und Misserfolgsfaktoren wird die Markenstärke durch mehrere Indikatoren erfasst. Gleichzeitig erfährt man, wie gut die Marke aus Sicht der jeweiligen Zielgruppe entlang dem jeweiligen Faktor im Konkurrenzumfeld abschneidet und welche Dimensionen sich konkret hinter diesem Faktor verbergen. Die Gruppierung in Faktoren und die Priorisierung der Erfolgsfaktoren erfolgt wieder rechnerisch durch die Analyse, d. h. *nicht* durch explizite Befragung der Probanden. Diese geben lediglich Antworten auf die Kriterien der beiden Messmodelle links und rechts in der Abbildung.

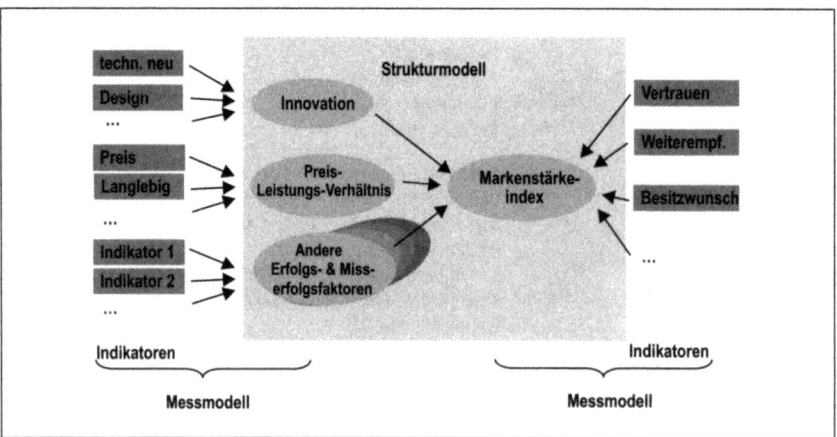

Abbildung 27: Ein exemplarisches Strukturgleichungsmodell: Erfolgs- und Misserfolgsfaktoren erklären die Markenstärke

Die Abbildung visualisiert, dass das Kausalmodell ein Struktur- bzw. Regressionsmodell zwischen Erfolgsfaktoren und Markenstärke ist und zwei Messmodelle, eins für die Erfolgs- und Misserfolgsfaktoren und eins für die Markenstärke selbst, enthält.

Was bringt Ihnen die Modellierung?

Wenn Ihre Marktforschungsabteilung oder ein externes Marktforschungsinstitut nun modelliert, was die Marke stark macht, haben Sie folgende Vorteile:

- den zielgerichteten Einsatz von Ressourcen zur Erzielung von Wettbewerbsvorteilen,
- die Vermeidung eklatanter Fehler.

Hätte Mercedes in den 90er Jahren ein solches Strukturmodell gebaut, um die Treiber der Qualitätswahrnehmung von Premiumautomobilen zu eruieren, hätten die Verantwortlichen gewusst, dass die Materialien des Innenraums den größten Einfluss auf die Qualitätswahrnehmung der Konsumenten haben – und hätten nicht an dieser wichtigen Stelle gespart und nun einen beschwerlichen Weg zum Wiedergewinn der Qualitätsführerschaft vor sich.

3.2 Erfolgs- und Misserfolgsfaktoren im Markt generell sowie für einzelne Marken

Wir haben bereits im vorigen Kapitel gesehen, dass man für unterschiedliche Zielgruppen bzw. Segmente die Markenstärke erhebt. Genauso möchte man für unterschiedliche Segmente erklären, *weshalb* diese nun die Marke für stark erachten oder nicht. Neben den „Kennern" und den „Erwägern" gibt es noch weitere Zielgruppen. So die *Intensiv-Käufer* als Fans, alle *Käufer* der jeweiligen Marke und in Abgrenzung dazu die *Nicht-Käufer*.

Für alle Segmente kann man theoretisch eigene Modelle erstellen. Selbstverständlich können – bei großen Budgets und noch größerem Interesse – noch weitere Modelle konstruiert werden, wie z. B. das der jungen Konsumenten im Vergleich zu den älteren, Großstädter gegenüber der ländlichen Bevölkerung, die Sicht der Benutzer eher traditioneller Produktlinien im Vergleich zu Nutzern der neuen Angebote etc. Der Auswahl sind nur insofern Grenzen gesetzt, als dass die Modellierung in der Regel jeweils extra bezahlt werden muss bzw. die Fallzahl ausreichend groß sein muss, um noch statistisch repräsentative Aussagen zu ermöglichen.

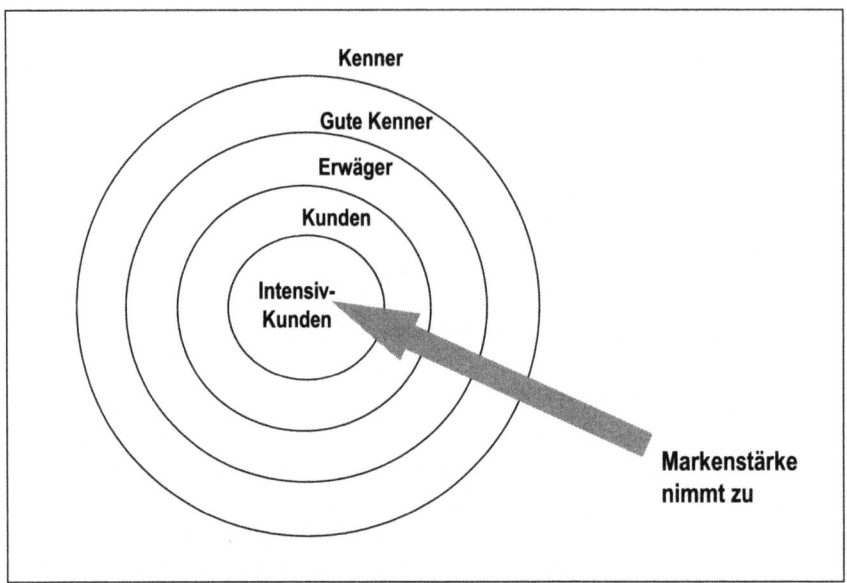

Abbildung 28: Verschiedene Teilgruppen des Gesamtmarktes, die modelliert werden können

Die erwartete Höhe der durchschnittlichen Markenstärke nimmt von außen nach innen hin zu. Das bedeutet, dass die kleinste Menge der Befragten, die Intensivkäufer, die Marke am besten bewerten wird, dann die Käufer, die Erwäger, gefolgt von Kennern und dann die Nichtkäufer. Eine Teilmenge ist in der anderen enthalten. Demnach ist jeder Käufer auch Erwäger und Kenner, aber nicht umgekehrt!

Erwartung unterschiedlicher Erfolgsfaktoren der jeweiligen Marken

Lassen Sie mich die Unterschiede der einzelnen Modelle anhand eines einfachen Beispiels erläutern. Stellen Sie sich vor, Sie gehen ins Kino. Was sind für Sie Erfolgs- und Misserfolgsfaktoren beim Kinobesuch allgemein? Als typischer Kinobesucher ist für Sie sehr wichtig, den Film gemeinsam mit Freunden oder der Familie zu betrachten. Sie erwarten Abwechslung und möchten in eine völlig andere Welt eintauchen. Für einige gehört zu einem angenehmen Kinobesuch eine Tüte Popcorn.

Wenn dies alles zusammen gegeben ist, finden Sie den Kinobesuch schön, dies sind also Erfolgsfaktoren für den Kinobesuch allgemein. Sie stören sich daran, falls Sie im vollbesetzten Saal in der ersten Reihe sitzen müssen, dies wäre also ein Misserfolgsfaktor. Egal, welchen Film Sie anschauen, diese Faktoren sind für *alle* Filme gleich – das entspricht dem *Marktmodell* der guten Kenner.

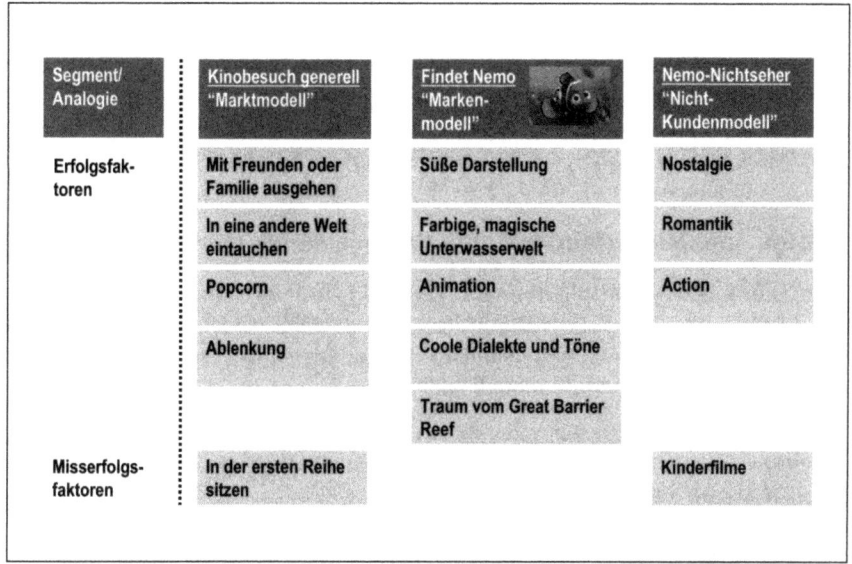

Abbildung 29: Fiktives Kinobeispiel – Erklärung, warum es in den unterschiedlichen Modellen unterschiedliche Erfolgs- und Misserfolgsfaktoren gibt

Für das Modell der einzelnen Marken werden hingegen unterschiedliche Erfolgsfaktoren erwartet. Denn jede Marke will nicht nur stark sein, sondern sich auch positiv von der anderen abheben, d. h. einzig sein. Abhängig davon, in welches Genre Film Sie gehen (bzw. welche Marke Sie wählen), erwarten Sie aber Unterschiedliches, d. h., es gibt unterschiedliche Erfolgs- und Misserfolgsfaktoren. Wenn Sie also mit ihren Kindern in „Findet Nemo" gegangen sind, dann galten alle Erfolgsfaktoren des Kinobesuchs allgemein zwar auch. Darüber hinaus jedoch fanden Sie die Geschichte vermutlich niedlich, die farbenfrohe Unterwasserwelt faszinierte Sie, die Animation war gelungen und die Dialekte der einzelnen Meeresbewohner drollig. Es erinnerte Sie möglicherweise an Ihren lange gehegten Traum, einmal am Great Barrier Reef in Australien zu tauchen.

Dies wäre also das *Markenmodell*, das auf Erwägern bzw. Kunden für den Film/ die Marke „Findet Nemo" beruht. Ein Actionfilm oder eine politische Dokumentation hätten ganz andere Erfolgsfaktoren gehabt! Nichtseher des Films „Findet Nemo" haben offenbar andere Erwartungen an einen gelungenen Film, z. B. historische Eindrücke, Romantik, Action, Science-Fiction oder was auch immer, auf jeden Fall wären Zeichentrickfilme für solche Kunden eher ein Misserfolgsfaktor.

Genau wie Filme versuchen, sich durch andere Stilmittel bzw. Erfolgsfaktoren aus der Masse abzuheben, versuchen dies Marken auch, und deshalb erwarten wir für die unterschiedlichen Marken auch unterschiedliche Erfolgsfaktoren beim Markenmodell.

Erfolgs- und Misserfolgsfaktoren des relevanten Marktes

Über Erfolg und Misserfolg im Markt generell entscheidet das Marktmodell, das alle Marken, die Sie im Forschungsdesign ausgewählt haben, umfasst. Es stellt demnach den von Ihnen ausgewählten, für Sie relevanten Markt dar. Wie liest man das nachstehende Marktmodell nun?

- Der größte durch das Kausalmodell errechnete Hebel im Markt, die Markenstärke zu erhöhen, steht ganz oben, d. h., es ist in unserem fiktiven Beispiel die *Exklusivität*.
- Der zweitwichtigste Erfolgsfaktor sind *Innovationen*, gefolgt von *herausragenden Produkten*.
- Diese drei Erfolgsfaktoren sind die größten Hebel des für *Charisma* relevanten Gesamtmarktes, um die Marke zu stärken.
- Die nächste Gruppe der Erfolgsfaktoren, die etwas weniger wichtig sind, umfasst das Preis-Leistungs-Verhältnis und die Präsenz.
- Weniger wichtig, aber immer noch mit nachweislich positivem Einfluss auf die Markenstärke, sind die Breite der Produktpalette, jugendlich und sexy zu wirken, Komfort etc.

Misserfolgsfaktoren gibt es in diesem Fall keine, durch die Durchschnittsbildung über die Marken trifft man dies oft im Marktmodell an. Denn was für die eine Marke ein Misserfolgsfaktor ist, ist für eine andere Marke keiner. In Markenmodellen hingegen findet man sie ausgeprägter für einzelne Marken, wie wir noch sehen werden.

Die Bewertungen + und – zeigen die Leistung *relativ* zur Konkurrenz, d. h., wie gut Sie – mit Ihrer Marke – aus Sicht der guten Kenner im Konkurrenzvergleich bezüglich der einzelnen Erfolgsfaktoren abschneiden. Hier geht es weniger um die Nachkommastelle als um deutliche Unterschiede im Vergleich zur Konkur-

Erfolgs- und Misserfolgsfaktoren im Markt generell sowie für einzelne Marken

renz. Deswegen kann dies auch ganz einfach mit einem Plus, Doppelplus etc. symbolisiert werden. Eine harte „Währung" ist, Ihre Marke im Vergleich zum besten bzw. nächstbesten Wettbewerber zu sehen. Dieses Vorgehen bietet sich insbesondere an, wenn Sie eine Premiummarke mit normalen Marken vergleichen. Etwas weniger ambitioniert, aber sinnvoll, wenn Sie sich mit ähnlichen Marken vergleichen möchten, ist der Vergleich zum Durchschnitt der betrachteten Marken.

	Erfolgsfaktor nach Relevanz	Charisma	Wettbew. 1	Wettbew. 2	Wettbew. 3
1.	Exklusivität	-	-	+	-
2.	Innovation	o	--	--	o
3.	Herausragende Produkte	o	--	--	o
4.	Preis-Leistung	-	--	--	+
5.	Präsenz	--	--	--	++
6.	Breite Produktpalette	o	--	-	o
7.	Jugendlich & sexy	+	-	--	-
8.	Komfort	o	--	--	o
9.	Sicherheit	++	--	--	--
10.	Service	-	-	--	o
11.	Aggressivität	--	--	--	++

Basis: gute Kenner

Abbildung 30: Das Marktmodell zeigt Erfolgsfaktoren und Leistungen der einzelnen Marken in *Charismas* Markt auf Basis guter Kenner

Diese Markterfolgsfaktoren sind kurzfristig kaum änderbar. Sehen Sie diese als über die nächsten Jahre gesetzt an, es sei denn, Sie beglücken Ihre Kunden mit einem technologischen Sprung oder verändern das Geschäftsmodell gravierend. Ansonsten können Sie lediglich Ihre eigene Leistung entlang der gegebenen Kriterien positiv beeinflussen. Was Sie ändern können, ist Ihre eigene Marke und Ihr eigenes Modell. Dazu später mehr.

Konkrete Operationalisierung

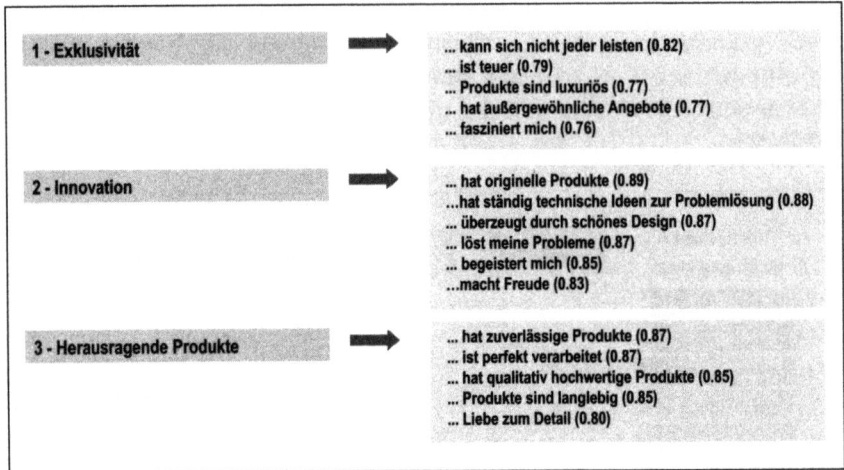

Abbildung 31: Beispiel der Operationalisierung der drei wichtigsten Erfolgsfaktoren im Markt von *Charisma*

Im dargestellten Beispiel verbirgt sich hinter dem ersten Erfolgsfaktor *Exklusivität* die Tatsache, dass sich nicht jeder die luxuriösen Produkte leisten kann, der hohe Preis, luxuriöse Produkte, außergewöhnliche Angebote, die faszinieren. Diese Konkretisierung der Erfolgsfaktoren zieht sich durch alle Modelle hindurch, auch wenn nicht mehr explizit darauf hingewiesen wird.

Weiterführende Fokusgruppe

Durch die begrenzte Anzahl an Kriterien, die in eine Markenforschungsstudie aufgenommen werden kann, bleiben bei bester Operationalisierung manchmal noch Fragen offen. Was genau wird z. B. als Arroganz empfunden, was besonders wichtig wäre, wenn sich Arroganz als Misserfolgsfaktor herauskristallisiert? Sollte sich solch ein Ergebnis zeigen, sind heftige organisatorische Widerstände zu erwarten. Entweder wird die Qualität der Studie angezweifelt („das kann nicht sein!") oder in Frage gestellt, ob das Phänomen überhaupt behebbar ist („eine Premiummarke hat immer Neider. Da kann man nichts machen!"). *Sie* hingegen sind selbstverständlich von der Validität der Studie überzeugt und auch davon, dass selbst eine Premiummarke durch Abwesenheit von Arroganz glänzen kann. Gut, falls eine andere Premiummarke in Ihrem Modell diesen Misserfolgsfaktor nicht hat, ist es doch der beste Beweis, dass es auch „ohne" geht!

Am besten haben Sie in diesem Fall eine detaillierte und plausible Erklärung parat. Diese erhalten Sie beispielsweise durch Durchführung einiger *Fokusgruppen* zu dem Thema. Wählen Sie bitte möglichst kritische Teilnehmer aus, um zu sehen, inwiefern z. B. der Fahrer einer als arrogant wahrgenommenen Automobilmarke selbst Verursacher des arroganten Images ist (schwer zu ändern) oder eher der Händler (leichter zu ändern) und was konkret gemeint ist. Ist es das Wartenlassen bei einem vereinbarten Termin, die nicht ausgesprochene Einladung zu einem Kaffee, die Rolex am Arm des Verkäufers, die unklare Rechnungstellung oder die mangelnde Bereitschaft, hohe Rabatte zu geben? So lassen sich anschauliche Handlungsanweisungen für Vertriebspartner erstellen und bei einer späteren Markenanalyse nachverfolgen, ob schon Besserung eingetreten ist.

Erfolgs- und Misserfolgsfaktoren Ihrer Marke und der Konkurrenzmarken

Nachdem Sie nun wissen, wie der Markt „tickt", interessiert Sie natürlich, was Ihre Marke besonders stärkt oder schwächt und wie sich dies bei der Konkurrenz verhält. Mit dem *Markenmodell* auf Basis der Erwäger bekommen Sie nicht nur eine „Regieanweisung" für Ihre eigene Marke, sondern auch für die der Konkurrenz.

Genau wie im Marktmodell sehen Sie wieder die wichtigsten, mittelwichtigen und weniger wichtigen Erfolgsfaktoren der eigenen Marke und die der Konkurrenzmarken. Man sieht schon an der Faktorbenennung und der Reihenfolge, ob die Marken wirklich unterschiedlich sind oder ob die eine versucht, die andere zu kopieren. Auch gibt es hier erstmalig Misserfolgsfaktoren: Wettbewerber 1 wirkt altmodisch und Wettbewerber 3 hat mit der Wahrnehmung zu kämpfen, arrogant zu sein – bei Misserfolgsfaktoren werden die Vorzeichen anders herum interpretiert.

Inhaltlich können Sie genau dann zufrieden sein, wenn Sie bei den wichtigsten Erfolgsfaktoren positive Vorzeichen bei der Leistungsbewertung sehen. *Charisma* begegnet trotz hoher Markenstärke einigen Herausforderungen: gerade die Exklusivität, auf die die Firma setzte, erweist sich weder als hoch relevant für die Markenstärke, noch punktet *Charisma* aus Erwägersicht. Wettbewerber 3 hat das Pech, gerade beim für ihn wichtigsten Erfolgsfaktor „haltbare Produkte" im Konkurrenzvergleich schlecht dazustehen. Es wird auch dadurch für ihn nicht wettgemacht, dass er beim viertwichtigsten Erfolgsfaktor „Kommunikation" und dem „günstigen Preis" ein Doppelplus hat, denn diese Faktoren sind deutlich weniger wichtig für die Erwäger dieser Marke.

	Charisma		Wettbew. 1		Wettbew. 2		Wettbew. 3	
1.	Faszinierend Originelles	o	Einzigartig	--	Exklusivität	+	Haltbare Produkte	--
2.	Hervorragende Produkte	++	Qualität	--	Begeisterung	--	Technische Innovationen	o
3.	Exklusivität	-	Genuss	++	Freundlichkeit des Personals	+	Ergonomie	o
4.	Technische Innovationen	o	Exklusivität	--	Sicherheit	-	Kommunikation	++
5.	Flexibilität	++	Geschmack	+	Breite Palette	--	Günstiger Preis	++
6.	Service	+	Tradition	o	Ergonomie	o	Service	-
7.	Kommunikation	--	Verfügbarkeit	-	Partner	-	Verfügbarkeit	++
8.	Ergonomie	-	Emotion	--	Präsenz	--	Modern / Innovation	o
9.	Verfügbarkeit	-	Service	--	Dynamik	+	Spaß	++
10.	Solidität	-	Dynamik	-			Vertrauen	--
11.	Aggressivität	--	Solidität	+			Solidität	--
12.	Tradition	o						

Misserfolgsfaktoren

| 1. | | | Altmodisch | + | | | Arrogant | + |

Abbildung 32: Das Markenmodell der Erwäger offenbart die Regieanweisung der jeweiligen Marke

Dies symbolisiert ein weit verbreitetes Phänomen: Marken punkten oft gerade dort, wo es für den Konsumenten relativ unwichtig ist. Dies mag aus einer historischen Entwicklung heraus geschehen oder weil bestimmte Projekte unternehmensintern einige große Fans haben, welche diese machtpolitisch ermöglichen, auch wenn sie für die Marke nicht sinnvoll sind. So ist beispielsweise das Engagement im Motorsport von bereits als sportlich empfundenen Automarken erheblichen Risiken ausgesetzt – die ohne Not eingegangen werden! Für Mercedes und Renault kann dieses Engagement sinnvoll sein, jedoch für Marken mit bereits sehr sportlich-dynamischem Image wie BMW führt es sicherlich dazu, dass die Kenner dieser Marke auch sportliche Höchstleistungen erwarten. Sollten nicht ausreichend Podiumsplätze belegt werden können und irgendwann der Gesamtsieg errungen werden, droht das Unterfangen nicht nur viel Geld zu verschlingen, sondern auch imageschädigend zu wirken.

Einschätzung der Konkurrenz und Simulationsmöglichkeiten

Sie sehen für sich und die Konkurrenzmarken die „Regieanweisung" zur Stärkung der Marke. Hätten die Konkurrenten Zugang zu dieser Analyse, könnten Sie vorwegnehmen, welche strategische Stossrichtung diese wahrscheinlich einschlagen würden. Unabhängig davon, ob Ihre Konkurrenten dies tun oder nicht: Sie wissen, wo die größte Bedrohung für Ihre Marke liegt! So wird z. B. Wettbewerber Nr. 3 alles daran setzen, die Haltbarkeit seiner Produkte zu erhöhen und gleichzeitig die technischen Innovationen und deren Handhabung zu verbessern. Dies zu wissen, ist wichtig für Ihre eigene Strategie. Ob Sie es glauben oder nicht: Konsequent genutzt, haben Sie hier ein Werkzeug, einen wahrscheinlichen nächsten Schritt Ihres Wettbewerbs vorherzusehen und entsprechend zu reagieren.

Ferner ist es möglich zu *simulieren*, was die Stärkung eines Erfolgsfaktors oder die Verminderung eines Misserfolgsfaktors im Hinblick auf die eigene Markenstärke bewirken könnte. Natürlich ist dieses Modell nicht so deterministisch, dass eine Änderung des Erfolgsfaktors zwangsweise zu einer Veränderung der Markenstärke führen muss. Dennoch ist die Wahrscheinlichkeit groß, da auf Basis der systematischen Kausalanalyse eine starke Beziehung nachweisbar ist.

Mitunter gewinnen Sie auch Klarheit über den „wahren" Wettbewerber bzw. verliert die eine oder andere Marke etwas von ihrem Schrecken als Konkurrenz. So wie Wettbewerber 1 und 2 für *Charisma:* Beide versagen aus Kundensicht entlang ihrer wichtigsten Erfolgsfaktoren im Vergleich zu *Charisma*. Marke 1 ist die klassische Durchschnittsmarke mit solider Qualität zu fairen Preisen, präsent und kommunikativ unterstützt. Aber nirgendwo ragt die Marke heraus, nirgendwo gibt es ein Alleinstellungsmerkmal und deswegen dürfte die Marke mittelfristig an Boden verlieren.

Wie werden Nichtkunden zu Kunden?

Gerade wenn Sie noch ein großes unausgeschöpftes Potenzial haben, weitere Kunden zu gewinnen, sind spezielle *Nichtkundenmodelle* für Sie höchst interessant. Hier erfahren Sie, wo die größten Unterschiede in der Einschätzung Ihrer Marke im Vergleich zu Kunden liegen und was Sie tun müssen, um diese zu gewinnen.

Charisma müsste das Preis-Leistungs-Verhältnis erheblich verbessern, eine breitere Produktpalette anbieten, mehr auf Komfort und Präsenz achten. Da dies nicht zur strategischen Ausrichtung *Charismas* passt, wird es nur begrenzt möglich sein, diesen Markt zu gewinnen. Das führt zu einer realistischeren Einschätzung, wie viel Marktanteil langfristig erzielt werden kann.

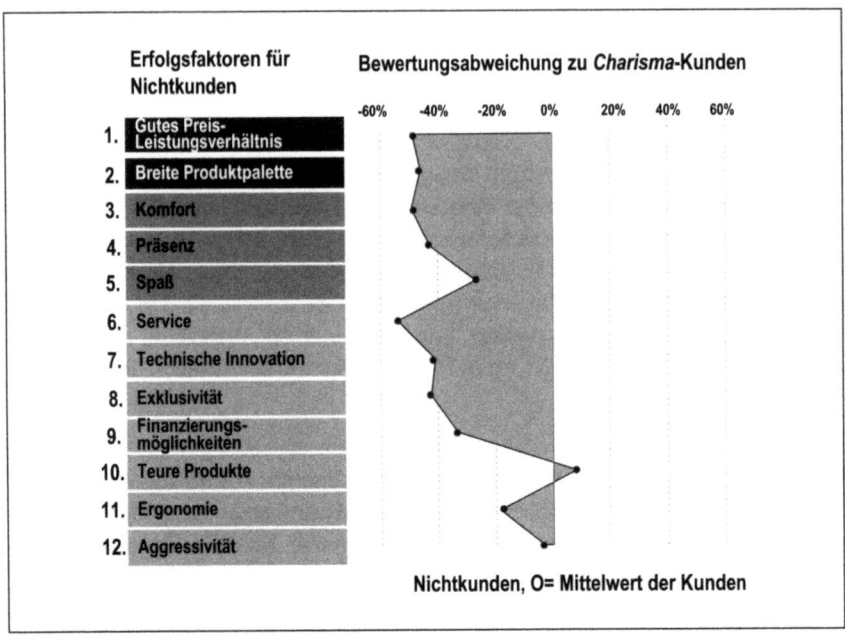

Abbildung 33: Erfolgsfaktoren von Nichtkunden *Charismas* und der Bewertungsabstand zu *Charisma*-Kunden – sie fragen völlig andere Themen nach

Insbesondere Wettbewerber 3 punktet bei den *Charisma*-Nichtkunden, da er aus deren Sicht ein hervorragendes Preis-Leistungs-Verhältnis besitzt, präsent ist und Spaß macht – eine völlig andere Positionierung als *Charisma*.

Markt-, Marken- und Nichtkundenmodelle sind die wichtigsten Modellierungen für die Erforschung der Markenstärke. Sehen Sie für die Eroberung von Kunden das Marktmodell als mittelfristig gesetzt an, das Markenmodell für Ihre Marke als schneller veränderbar und das Nichtkundenmodell bzw. die Konvertierung von Nichtkunden in Kunden als eher langfristige Aufgabe. Welcher Zeitraum sich hinter den Begriffen „kurz-, mittel- und langfristig" verbirgt, hängt wiederum von der Schnelllebigkeit der Branche ab, in der Sie agieren.

Tragen Sie die Ergebnisse vor den Ländergesellschaften/Bereichen vor, überprüfen Sie die zuvor mit den Ländern aufgestellten Hypothesen, diskutieren Sie, weshalb die Ergebnisse so ausgefallen sind, was verwundert und warum. Sie werden sich sehr viel Hintergrundwissen erarbeiten können, das Sie für die Strategieentwicklung und Berücksichtigung lokaler oder bereichsspezifischer Besonderheiten brauchen.

Erfolgs- und Misserfolgsfaktoren im Markt generell sowie für einzelne Marken 71

Erfolgsfaktoren für Nichtkunden	Charisma	Wettbew. 1	Wettbew. 2	Wettbew. 3
1. Gutes Preis-Leistungsverhältnis	--	--	--	++
2. Breite Produktpalette	o	-	--	o
3. Komfort	o	--	o	-
4. Präsenz	--	--	--	++
5. Spaß	--	--	--	++
6. Service	--	--	++	--
7. Technische Innovation	o	-	-	o
8. Exklusivität	-	-	-	+
9. Finanzierungsmöglichkeiten	+	-	--	-
10. Teure Produkte	++	--	--	--
11. Ergonomie	--	-	-	+
12. Aggressivität	o	-	-	o

Abbildung 34: Welcher Wettbewerber bei den *Charisma*-Nichtkunden reüssiert: insbesondere Wettbewerber 3

Stellenwert von Themen in Hinblick auf ihren Beitrag zur Markenstärke vergleichen

Was ist wichtiger für die Markenstärke: Service oder gute Produkte? Gerade in Direktvertriebsfirmen wie Tupperware, Dell oder Avon ist die Frage berechtigt, ob denn nicht der Vertrieb das ausschlaggebende Element der Markenstärke sei. Die Frage ist insbesondere dann interessant, wenn deren Versuche, in den klassischen Handel, also den stationären Vertrieb vorzustoßen, nicht von gleichem Erfolg gekrönt sind wie der ursprüngliche Direktvertrieb. Bei innerbetrieblichen Konflikten wird die Frage gestellt, ob denn wirklich Forschung und Entwicklung ein höheres Budget braucht oder lieber noch eine Vertriebsperson eingestellt werden soll. So können Sie beliebige Themen in ihrem Stellenwert für die Marke miteinander vergleichen. Ihr Marktforschungsinstitut kann Ihnen berechnen, wie viel der Markenstärke von dem jeweiligen Thema erklärt wird. In unserem Beispiel ist es so, dass die Frage für *Charisma* eindeutig beantwortet werden kann: Hervorragende Produkte sind weitaus wichtiger als der Service. Keiner der Konkurrenten kann mit seinem Service auch nur annähernd so stark die Marke beeinflussen wie durch gute Produkte. Letztendlich kaufen Kunden Produkte, und „Service" wird erst dann wichtig, wenn Probleme gelöst werden müssen.

Der Stellenwert der zu vergleichenden Themen berechnet sich wie folgt: Sie identifizieren die Themen und die dazugehörigen Indikatoren, die Sie in ihrem Stellenwert vergleichen wollen. Also für Produkte solche Indikatoren wie „Qualität, Langlebigkeit, Zuverlässigkeit". Für Service Indikatoren wie „freundlicher Service, maßgeschneiderter Service, ständige Erreichbarkeit" etc. Dann kann Ihr Marktforschungsinstitut ausrechnen, welchen Anteil der jeweilige Faktor *Produkt* und *Service* an der Erklärung der Markenstärke hat. Je höher der Erklärungsanteil, desto größer der Einfluss.

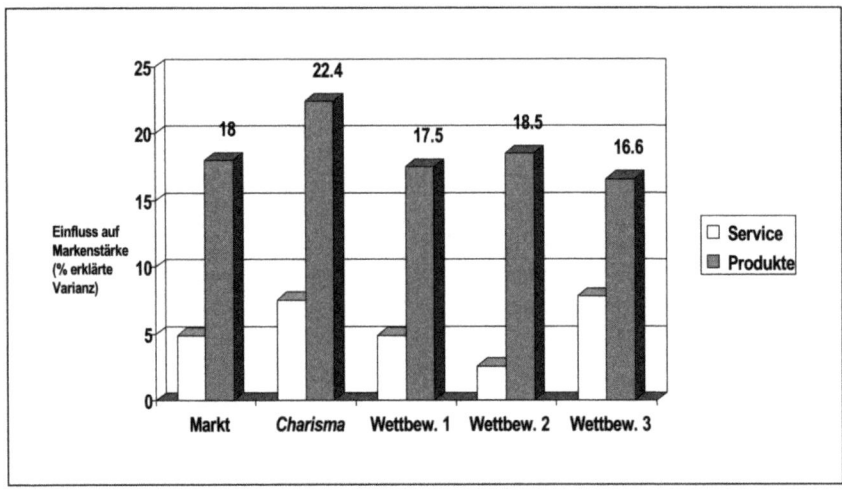

Abbildung 35: Exemplarischer Vergleich des Stellenwertes von hervorragenden Produkten zu Serviceleistungen – Produkte sind für *Charisma* deutlich wichtiger

Wie gut Ihr Modell die Markenstärke erklärt – das Gütemaß

Für jedes einzelne Modell sollten Sie das Gütemaß für die Modellierung betrachten. Es gibt für die Strukturgleichungsmodelle analog dem Regressionskoeffizienten einen Indikator, der besagt, wie viel Prozent der Markenstärke durch Ihr Modell erklärt wurden. Wenn Sie relevante Kriterien für Ihre Befragung ausgewählt haben, können Sie in Ihren Modellen circa 50 bis 80 Prozent der Markenstärke durch Kenntnis der Bewertung entlang der Kriterien erwarten. Je unreifer und simpler der Markt, desto mehr können Sie mit wenigen Variablen erklären, je höher entwickelt und komplexer bzw. konkurrenzintensiver, desto weniger. Sollten Sie weniger als 50 Prozent erklärt finden, ist dies ein Zeichen, dass Sie die wirklich relevanten Kriterien leider nicht abgefragt haben und das Modell nur begrenzt brauchbar ist. Wenn Sie im Modell einige Variablen haben, die sich als insignifikant erweisen, sich also kein Zusammenhang zur Markenstärke nachweisen ließ, ist dies hingegen völlig normal. Diese Variablen sind für die Markenstärke unerheblich, das heißt diese brauchen nicht von Ihnen gemanagt zu werden.

3.3 Aggregation zur globalen Sicht der Marke

Das globale Bild der Marke *Charisma*, das Sie nun gesehen haben, ist erst durch Aggregation der Ergebnisse der einzelnen Länder zustande gekommen. So wichtig das Lernen aus der Diskussion mit den einzelnen Ländern über ihr jeweiliges Land ist, so wichtig ist auch die Weltsicht, das globale Bild, das die Marke abgibt. Bei der Präsentation für verschiedene Ländergesellschaften fielen Ihnen bestimmt unterschiedliche Faktorbezeichnungen bzw. unterschiedliche Wahrnehmungen der eigenen Marke auf. Auch unterschiedliche Positionierungsansätze und unterschiedliche Leistungen der Konkurrenzmarken sind möglich. Wie groß diese Unterschiede wirklich sind oder ob sie nur so erscheinen, wird sich in Kapitel 4 weisen, wenn berechnet wird, wie ähnlich die Erfolgsfaktoren über die Länder hinweg sind.

Natürlich kann – und sollte – man einzelne Länder gegenüberstellen, aber je nachdem wie viele Länder betrachtet werden, wird diese Gegenüberstellung schnell unübersichtlich. Es ist ratsam, Länder zu gruppieren: z. B. die osteuropäische Länder gegenüber einem westeuropäischen Benchmark darstellen und eben ein globales Modell zu berechnen.

Ein *globales Modell* repräsentiert die Markenwelt für Ihren relevanten Markt, in dem die wichtigsten Länder gewichtet zusammengefasst werden. Wie gehen Sie konkret vor? Zunächst stellen Sie in einem einfachen Excel-Sheet dar, wie viel Prozent Ihres heutigen Umsatzes durch die betrachteten Länder abgedeckt wird. Dieser Prozentsatz wird fortan auf 100 Prozent gesetzt, d. h. die Markenforschungsergebnisse der Länder werden proportional zu dem Marktpotenzial oder der unternehmerischen Zukunftsvision in einem globalen Modell gewichtet – je nachdem, wofür Sie sich schon bei der Auswahl der Länder für die Studie in Kapitel 2 entschieden haben.

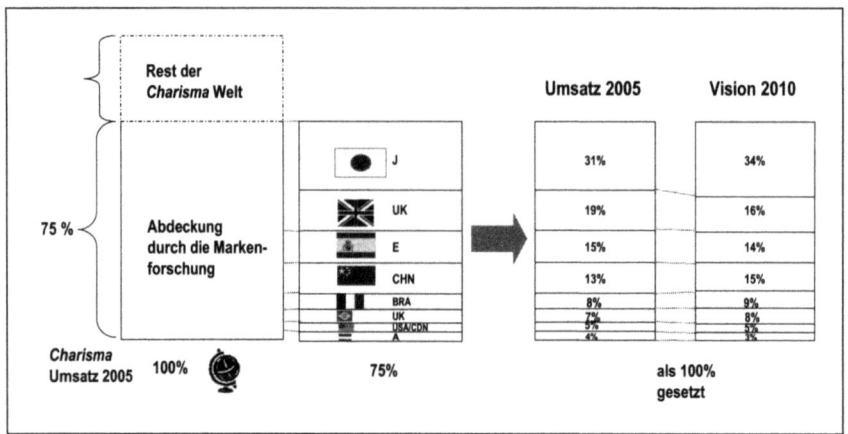

Abbildung 36: Ein globales Gewichtungsmodell sollte circa 70 bis 80 Prozent des heutigen Umsatzes abdecken

Nehmen Sie zur Gewichtung – wann immer möglich – das Marktpotenzial oder die monetäre Unternehmensvision zur Gewichtung und *nicht* Ihren eigenen Umsatz. Warum? Weil Sie andernfalls das Markenbild besser darstellen, als es ist. Stellen Sie sich vor, Sie hätten einen kleinen Heimatmarkt, z. B. Österreich, in dem Sie einen sehr hohen Marktanteil haben, aber kein weiteres großes Potenzial. Im weltgrößten Markt für Ihr Produkt, den Vereinigten Staaten, haben Sie jedoch einen geringen Marktanteil – und damit noch viel Potenzial. Wenn Sie nun nach Umsatz gewichten, geben Sie einem kleinen Land wie Österreich in Ihrer globalen Berechnung einen sehr großen Stellenwert. Wenn Sie einen großen Marktanteil haben, verfügen Sie wahrscheinlich auch über eine hohe Markenstärke, und diese würde übergewichtet, während die Herausforderung in den USA aufgrund der derzeitigen Schwäche künstlich heruntergespielt würde, weil Sie das Marktvolumen bzw. das Potenzial weniger stark berücksichtigt haben. Damit wäre das globale Bild zu positiv.

Kulturelle Unterschiede verschwinden im globalen Modell

Die Aggregation zu einem globalen Modell hat einen nivellierenden Effekt – genau so wie im Marktmodell die Ecken und Kanten der einzelnen Marken verschwinden. Gibt es bei lokalen Modellen häufig kulturell unterschiedliche Misserfolgsfaktoren, so verschwinden diese im globalen Modell. So ist bekannt, dass der Faktor „Aggressivität" in den USA positiv und in der Schweiz eher negativ besetzt ist. Durch zunehmende Globalisierung verwundert nicht, dass Aggressivität in Deutschland noch vor wenigen Jahren ein Misserfolgsfaktor war, nun aber, analog zu den Vereinigten Staaten, in den Bereich der Erfolgsfaktoren vorgestoßen ist – allem latenten Antiamerikanismus zum Trotz. Hingegen ist eine gewisse Altbackenheit nicht nur in den USA, sondern in ganz Europa empirisch als Misserfolgsfaktor nachgewiesen, jedoch in Japan nicht abträglich. Modernität muss also in den einzelnen Ländern unterschiedlich stark gespielt werden.

3.4 Markenwahl, die zwischenmenschliche Analogie und die Rolle des Designs

Eine Kombination aus funktionalen, emotionalen, infrastrukturellen und anderen Aspekten machen die die Markenstärke erklärenden Erfolgsfaktoren aus. Interessanterweise sind die Kriterien über die Branchen hinweg relativ beständig. Letztendlich muss das Produkt in seiner Leistung überzeugen; es sollte emotional ansprechen, gefallen, und es muss verfügbar sein. Die Kriterien, nach denen der Mensch „seine" Marke auswählt, ähneln sogar dem Mechanismus, der bei der zwischenmenschlichen Partnerwahl auftritt. Warum ist das interessant? Weil es für die Markenführung wertvolle Lernerfahrungen gibt.

Schon 1939 hat Hans Domizlaff auf die Analogie zwischen Mensch und Marke hingewiesen, indem er sagte, die Marke habe ein menschliches Gesicht[3]. Bei der menschlichen Analogie wird einmal mehr deutlich, wie wichtig die indirekte Befragungsmethode ist. Denn man kann insbesondere Männer nicht fragen, welche Kriterien bei der Partnerwahl oder bei der Markenwahl entscheidend sind. Über Emotionen und andere für sie „heikle" Themen reden sie nicht gerne bzw. orientieren sich an einer fiktiven externen Erwartungshaltung. So geben z. B. viele Menschen nicht offen zu, dass sie bei einem Partner eine bestimmte Haarfarbe bevorzugen; über die indirekte Methode wird eine Präferenz jedoch offenkundig.

Marken erobern häufig durch Leidenschaft, ausgelöst durch eine Kombination von ansprechendem Design und sinnlichen Elementen. So verführt etwa ähnlich einem Fotomodell eine wunderschön gestaltete Espresso-Maschine oder ein elegant gestyltes elektronisches Gerät zum Kauf. Ein Superlativ-Versprechen, das in einer Beziehung unmöglich eingehalten werden kann und auch in der Markenbeziehung oft im weiteren Verlauf enttäuscht. So darbt die Espresso-Maschine nach einmaligem, mühsamem Gebrauch nur noch als Designobjekt

---

3 Hans Domizlaff, Die Gewinnung des öffentlichen Vertrauens, Hamburg 1939

ohne Funktion in der Küche dahin, genauso wie das Fotomodell am Morgen nach der Party vielleicht nicht allen Hoffnungen entsprach. Vieles, was in Hochglanzprospekten beworben wird, erweist sich spätestens nach dem zweiten Einschalten als Komfortwüste – die fahrig aus dem Japanischen übersetzten Texte der Gebrauchsanleitung sind leider nicht so geschliffen wie die von Werbern hochglanzpolierten Reklametexte, vom Telefonsupport mal ganz zu schweigen.

Die Enttäuschung kann sich über die Verweigerung des Wiederkaufs bis zum Bericht über die schlechten Erfahrungen im Umfeld zuspitzen. Wichtig ist demnach, dass die Funktion hält, was das Design verspricht, dass die Markensubstanz nach der Verführung eine Verbindung ermöglicht.

Besondere Rolle des Designs

Design ist nicht allein Erfolgsfaktor in der schönen neuen Lifestyle- und Konsumwelt. Es kann Marken machen, aber auch zerbrechen. Denken Sie an den Schweizer Schuhhersteller Bally, der viel zu lange das Thema Design vernachlässigt hat und auf eine klassische Palette setzte, bevor erst vor wenigen Jahren aktuelles Design auf dem Weg zur Lifestylefirma einen größeren Stellenwert bekam. Oder denken Sie an den einst unschlagbar wirkenden Handyriesen Nokia, der wegen der derzeitigen Designschwäche und Ignoranz wichtiger Trends (Stichworte „Klapphandy" und MP3-Player) empfindlich Marktanteile an Hersteller wie Motorola und Samsung abgeben muss. Empirisch wurde nachgewiesen, dass Design nicht nur im Konsumgüterbereich, sondern auch in Business-to-Professional- und bei B2B-Geschäften eine große Rolle spielt. Im Bereich der Automobile hat das Design den technischen Eigenschaften schon seit einiger Zeit den Rang abgelaufen, auch wenn es noch viele Kunden gibt, die betonen, dass sie ausschließlich nach technischen Eigenschaften entscheiden. In der Praxis hat sich gezeigt, dass dies nicht der Fall ist, sondern dass Design eine entscheidende Rolle spielt.

Großes Erstaunen lösten empirische Erkenntnisse bei Ingenieuren von Premium-Automobilen um die Jahrtausendwende aus, dass das Design einen größeren Hebel für starke Marken darstellt als z. B. die Motorisierung. Bei der Frage, nach welchen Kriterien die Herren ihre Partnerin auswählten, verstanden sie schnell, dass die erste Sympathie über die Optik ausgelöst wurde und erst sehr nachgelagert über den allgemeinen Gesundheitszustand und Blutwerte gesprochen wurde. Der *Economist* titelte einige Jahre später „Forget engineers, designers are the rock stars of the car industry"[4] und die Absatzwirtschaft fragt in

---

4 Economist vom 19.12.2002

einem Artikel[5] ernsthaft, ob Designer nicht die besseren Brand-Manager seien. Denn Design ist keine Gefühlsduselei, sondern eher eine *äußere Manifestation innerer Werte.*

Zurück zur Markenforschung: Das Kausalmodell zeigt, was das Design auslöst. Man sieht dies an den Faktorbenennungen in Kausalmodellen der jeweiligen Branche: Im Premium-Bereich des Automobilsektors heißt ein Erfolgsfaktor „Eleganz/Prestige", klar also, dass das Design das Prestigegefühl vermittelt und nicht umgekehrt. In der Bauwirtschaft heißt ein wichtiger Faktor „Design/Emotionen" und hinter diesen Emotionen verbirgt sich Stolz, Begeisterung, Maskulinität und Spaß. In beiden Fällen transportiert das Design demnach Emotionen, weshalb die These nahe liegt, dass dies über die meisten Branchen hinweg gelten könnte.

Testen Sie Ihre eigene Reaktion, wenn Sie unten stehende Häuser betrachten:

Abbildung 37: Gutes Design manifestiert innere, rationale Werte äußerlich

Nicht verwunderlich, werden Sie sagen, da die Häuser von links nach rechts nicht nur optisch für viele ansprechender werden, sondern sich dahinter wahrscheinlich auch neuere Technologie, mehr Komfort sowie eine höhere Qualität der Inneneinrichtung verbergen. Genau *das* ist aber der springende Punkt: Wie Mann und Frau biologisch programmiert unbewusst anhand von Äußerlichkeiten wie Haut und Körperproportionen abchecken, ob der Partner in spe gesund ist bzw. gesunden Nachwuchs produzieren könnte, beobachtet und schließt beispielsweise ein Handwerker blitzschnell anhand der Materialien, Proportionen etc., ob das Werkzeug leistungsstark ist.

---

5 „Sind Designer die besseren Brand-Manager?", Absatzwirtschaft, März 2005

Die folgende Darstellung, die auf branchenübergreifenden empirischen Erkenntnissen beruht, zeigt, was Design „transportiert" und womit Design zusammenhängt: Es löst vielfältige, nach Marke unterschiedliche Emotionen Zudem erkennt man aus den Korrelationen, dass Design tatsächlich das Gesicht der Innovation ist (Modernität). Design repräsentiert unter anderem Anwenderkomfort (Ergonomie) sowie die Fähigkeit, wertschöpfend mit langlebigen Produkten zu arbeiten. Damit wird Design zum Herzstück der Spannung zwischen Funktionalität und Emotionalität, zum Bindeglied dieser beiden nur scheinbar konträren Pole.

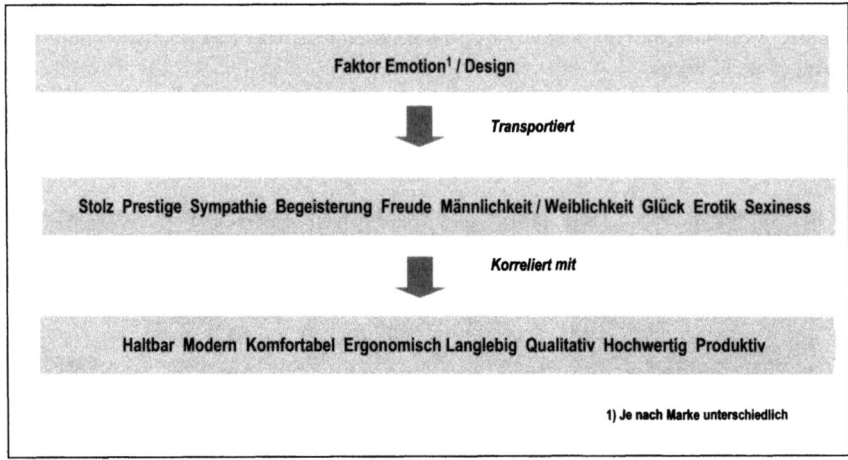

Abbildung 38: Design als Bindeglied zwischen Emotion und Ratio

Damit ist der erste Teil der Markenführung, die Bestandsaufnahme, abgeschlossen. Sie wissen zu diesem Zeitpunkt, wie stark Ihre Marke ist, wie sie im Wettbewerbsumfeld dasteht und welche Hebel Sie mit welcher Priorität bedienen können, um die Marke weiter zu stärken. Aber wo exakt sollen Sie die Marke hinentwickeln, sie positionieren? Und passt diese Position zur Unternehmensstrategie, ist sie einzig, zukunftssicher und erfolgreich?

Quintessenz

▷ Mithilfe eines kausalanalytischen Strukturgleichungsmodells kann Markenstärke gut erklärt werden. Bestandteil ist ein Strukturmodell zwischen den Erfolgs- und Misserfolgsfaktoren und der Markenstärke. Zwei Messmodelle operationalisieren zum einen die Erfolgs- und Misserfolgsfaktoren und zum anderen die Markenstärke selbst.

▷ Klare Operationalisierung ist sehr wichtig, damit erstens jeder das Gleiche unter einem Thema versteht und Sie zweitens exakt wissen, wie Sie die Forschungsergebnisse konkret umsetzen.

▷ Die Modellierung ermöglicht Ihnen einen zielgerichteten Einsatz von Ressourcen zur Erzielung von Wettbewerbsvorteilen bzw. die Vermeidung eklatanter Fehler.

▷ Sie können für fast jede Teilgruppe ein Modell zur Identifizierung der Markenstärketreiber berechnen: Das Marktmodell auf Basis der guten Kenner der Markte zeigt die Erfolgsfaktoren im Gesamtmarkt auf. Das Markenmodell auf Basis der Erwäger zeigt die „Regieanweisung" für einzelne Marken – auch, was die größte Bedrohung seitens Ihres ärgsten Konkurrenten darstellt. Nichtkundenmodelle beleuchten, wie man Nichtkunden in Kunden verwandelt.

▷ Die Erfolgsfaktoren des Marktmodells kann man als mittelfristig gesetzt ansehen; das eigene Markenmodell hingegen lässt sich schneller beeinflussen.

▷ Marken punkten oft genau dort, wo es für den Kunden wenig relevant ist. Dies gilt es zu ändern.

▷ Design verdient selbst in B2B-Branchen enorme Beachtung, weil es emotionalisiert und gleichzeitig die funktionalen Bestandteile des Produkts äußerlich manifestiert.

▷ Marken verführen Konsumenten über Design und binden durch Markensubstanz. Wichtig, dass die Substanz hält, was das Design verspricht.

▷ Man kann klar beantworten, welche Themen um wie viel wichtiger sind als andere, z. B. den häufigen Streitpunkt beantworten, ob Produkte wichtiger sind als der Service. Und simulieren, welche Effekte die Veränderung entlang einer Variablen auf die gesamte Markenstärke hätte.

▷ Das Markenwahlverhalten lässt sich mit der menschlichen Partnerwahl vergleichen. Diese zeigt ungenutzte Potenziale in der Markenführung auf.

4. Markenidentitäten, die verkaufen

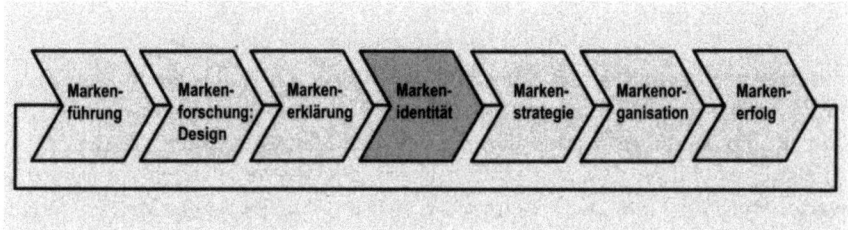

Am Ende dieses Kapitels wissen Sie ...

▷ welche Funktion eine gute Markenidentität hat, welchen Kriterien sie genügen muss
▷ wie Sie alternative Hypothesen für eine Markenidentität entwickeln und die für Ihr Unternehmen optimale Identität auswählen
▷ welchen Herausforderungen eine Markenidentität standhalten muss
▷ wie Sie quantifizieren können, wie viel besser Ihre neue Markenidentität ist
▷ wie Sie herausfinden, ob Märkte bezüglich der Marke ähnliche Anforderungen haben und Sie deshalb eine global einheitliche Markenidentität anstreben können

„Die Marke ist der Personalausweis des Produktes. Sie verleiht ihm seine unverwechselbare Identität."

Karsten Kilian, Initiator von markenlexikon.com

Eine Markenidentität ist das Selbstbild der Marke, das es mit ihrem Fremdbild in Übereinstimmung zu bringen gilt. Sie stellt eine einzigartige, unverwechselbare Kombination an Werten dar, die mit der Marke assoziiert werden. Beispielsweise wird bei BMW der Markenkern „Freude" u. a. durch die Markenwerte „Dynamik" und „Kultiviertheit" gespeist[6]. Ohne sie ist die Marke wie ein „Schiff ohne Ruder"[7]. Sie ist die langfristige Basis, der strategische Filter aller markenrelevanten unternehmerischen Entscheidungen. Und zwar nicht nur für das Markenmanagement, sondern für *alle* Organisationseinheiten, wenn Sie der holistischen Markenphilosophie folgen. Die Markenidentität zeigt das Möglichkeitsspektrum der Marke auf, setzt aber auch Grenzen. Sie gibt den Rahmen vor, innerhalb dessen die Identität bewahrt wird und nicht außer Kontrolle gerät. Sie lenkt den Blick auf das Wesentliche, fokussiert alle unternehmerischen Entscheidungen. Dies gilt sowohl für die Neu- und Weiterentwicklung aller Produkte und Dienstleistungen, deren Präsentation am Markt, aber auch die Auswahl und Ausgestaltung der Beziehungen zu Lieferanten, Kunden und Partnern des Unternehmens. Je nach Schnelllebigkeit der Branche kann solch eine Markenidentität zehn Jahre oder gar ein Unternehmensleben lang Bestand haben!

4.1 Was eine gute Markenidentität ausmacht

Aus was besteht eine Markenidentität? Herzstück der Markenidentität ist der Markenkern, der die Mission Ihrer Marke darstellt. Dieser Kern hat maximal drei Werte, die sich gegenseitig positiv verstärken und in diese Mission einzahlen. Da es für den Menschen schwer ist, sich mehr als drei Werte zu merken, ist dies die natürliche Obergrenze. Die Markenwerte werden durch Facetten konkretisiert.

---

6 Vgl. Wolfgang Armbrecht von BMW in: Brand eins, 2/2005
7 David A. Aaker, Erich Joachimsthaler: Brand leadership, New York 2000

Was eine gute Markenidentität ausmacht

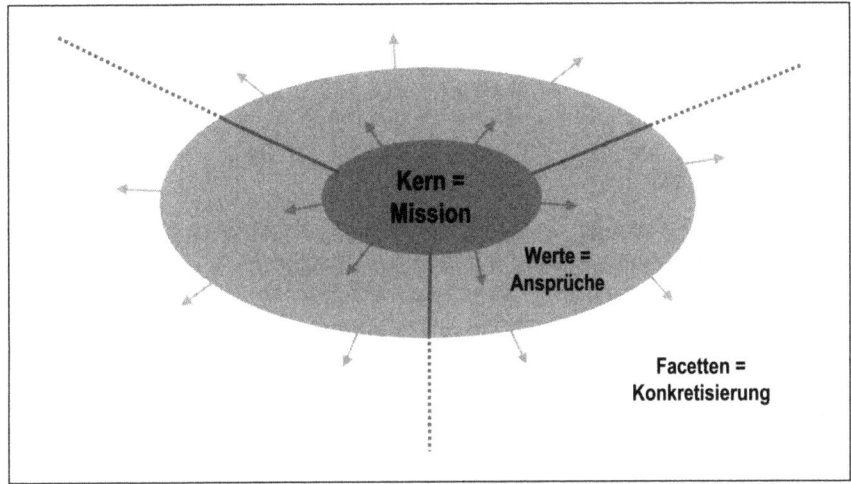

Abbildung 39: Mögliche Struktur einer Markenidentität – Facetten konkretisieren Werte, diese erfüllen die Mission der Marke

Markenwerte sollen das Potenzial haben, technologieunabhängig lange zu gelten, müssen jedoch immer zeitgemäß interpretiert werden. Richard Bransons Kultmarke Virgin ist hier ein gutes Beispiel: Virgin ist mit allem, was es tut, fröhlich, leger und unkonventionell, egal ob es sich um einen Megastore, eine Airline oder eine Cola handelt. Ziel der Markenführung ist, eine maximale Übereinstimmung der Markenidentität (= Selbstbild) mit dem Image (= Fremdbild) zu erreichen. Opel hat beispielsweise das Selbstbild von Qualität, Seriosität und Zuverlässigkeit u. a. durch extremes Knebeln der Lieferanten und die damit einhergehende niedrige Qualität nicht im Image bestätigt gesehen. So entstand eine Diskrepanz – an der das Unternehmen Opel heute noch leidet.

Idealtypisch ist die von Ihnen geschaffene Markenidentität Ihrer Marke und insbesondere deren Kern hoch relevant für Ihre Zielgruppe. Sie muss nicht einzelnen Anspruchsgruppen gefallen wie Ihrer Agentur oder Ihnen selbst, sondern Ihrer Zielgruppe, Ihrem relevanten Markt. Lassen Sie sich zu diesem frühen Zeitpunkt noch nicht von Kreativität, d. h. „einer großen Idee" beeindrucken. Kreativität kommt sinnvoll erst *dann* zum Zuge, wenn Sie die Markenidentität analytisch abgeleitet haben. Das bedeutet, dass empirisch gestützte und gelenkte Kreativität sehr sinnvoll ist, ungelenkte Kreativität hingegen weniger. Die Positionierung sollte auch in der Zukunft relevant bleiben. Dies bedeutet, dass Sie Trends antizipieren müssen, wenn Sie eine zukunftsorientierte Markenidentität bestimmen wollen.

Die Markenidentität sollte in ihrer *Gesamtkomposition* (Markenkern, Markenwerte und -facetten) einzigartig sein, d. h. sich von der Konkurrenz unterscheiden und auch schwer von der Konkurrenz imitierbar sein. Am besten appelliert sie durch eine balancierte Positionierung, bei der sich die Markenwerte gegenseitig verstärken, sowohl an die rationale als auch die emotionale Hirnhälfte der möglichen Kunden.

Sie soll glaubhaft sein und authentisch von Ihrem Unternehmen gelebt werden können. Lieber weniger versprechen und mehr halten! Dass sich etwas gut anhört oder gerade en vogue ist, ist demnach nicht genug – das Versprechen soll eingehalten werden. Sonst wäre diese Identität nicht nur eine Farce, sondern sogar kontraproduktiv, weil sie Ihre Kundschaft enttäuscht. Wichtig ist auch, dass möglichst viele der bisherigen Produkte Ihrer Firma und Dienstleistungen unter den Filter der Markenidentität fallen können und dass sie zukunftsfähig für geplante Erweiterungen des Leistungsspektrums ist. Denn die Marke ist auch Leitlinie für die Produktentwicklung und das gesamte Leistungsangebot. Viele Marken haben historisch gewachsene Angebote, die aus Cross-Selling-Perspektiven heraus zugekauft oder geschaffen wurden, der eigenen Markenidentität aber nicht wirklich gerecht werden. Wenn Sie Markenführung in Reinkultur verfolgen, sollten Sie sich früher oder später von diesen trennen bzw. sie unter einer anderen Marke anbieten.

Die Identität muss für jeden im Unternehmen verständlich sein und klar operationalisiert werden können. Wie eine Vision sollte sie anspruchsvoll sein, jedoch mittelfristig vollständig erfüllbar. Eine gute Markenidentität sollte die Anforderungen, die in Abbildung 40 aufgeführt sind, erfüllen.

Bei der Erschaffung einer Markenidentität ist der Markenkern, der die Mission Ihrer Marke darstellt, am wichtigsten. Die maximal drei Markenwerte mit zahlreichen Facetten sollen sich gegenseitig positiv verstärken und in diese Mission einzahlen. Bringen Sie nur einzelne „Hygienevariablen" wie Qualität oder Zuverlässigkeit unter, denn hier sind die Möglichkeiten, sich von der Konkurrenz positiv abzuheben, begrenzt. Durch die Kombination dieser drei Werte können Sie erreichen, dass Ihnen diese konkrete Markenidentität „gehört" – bei einem einzelnen Wert ist dies jedoch fast unmöglich. „Gehören" wird Ihnen eine Facette oder ein Wert oder ein Markenkern, wenn Sie aus Kundensicht entlang dieses Begriffs am besten abschneiden.

Finden Sie einen Kundennutzen als Wert: Für Joghurt beispielsweise wäre „sich fit fühlen" viel versprechender als eine Produkteigenschaft wie „vitaminhaltig". Die Markenwerte sollten gleichermaßen auf Produkte, Dienstleistungen, die Beziehung der Organisation zum Kunden sowie die Organisation selber übersetzbar sein.

Was eine gute Markenidentität ausmacht

- Relevant für Ihren Markt
- Nachhaltig – Trends müssen antizipiert werden
- Anders als die Konkurrenz
- Balanciert rational und emotional
- Werte, die sich gegenseitig verstärken
- Glaubwürdig und authentisch
- Schwierig zu kopieren
- Umfasst viele bestehende Produkte und Dienstleistungen Ihrer Marke
- Kann operationalisiert werden, interpretierbar für unterschiedliche Zielgruppen

Anspruchsvoll, aber "lebbar"

Abbildung 40: Anforderungen an eine gute Markenidentität

Wie emotional, wie rational soll die Markenidentität sein?

Emotionen sind zurzeit im deutschsprachigen Raum sehr populär: Wir lieben McDonald's (oder sollen das zumindest) und verlieben uns in den neuen Mini, unser Fernsehsender ist „powered by emotion", die Deutsche Bank leistet aus Leidenschaft, Nikon fordert uns auf, unsere Leidenschaft zu teilen. Selbst mittelständische Hersteller von scheinbar nüchternen Komponenten für elektrische Verbindungstechnik, wie Weidmüller Interface, laden ihre Marke mit emotionaler Kommunikation auf. Die Emotionalisierung scheint unabhängig von Branche und Produkt fortzuschreiten – sogar Zement wird heute mit Frauennamen versehen.

Aus der aktuellen Gehirnforschung weiß man, dass Rationalität zu Schlussfolgerungen führt, Emotionen aber den entscheidenden Impuls zum Handeln geben[8]. Und wer wäre damit zufrieden, dass Kunden Angebote als gut bewerten – sie sollen Angebote kaufen! Manche Forscher gehen soweit zu sagen, dass Rationalität nichts anderes sei als „viel Lust für wenig Geld"[9].

---

8   Donald Calne, Within reason: rationality and human behavior, New York 2000
9   Hans-Georg Häusl, Brainscript, Planegg 2004

Auch bei Zweifeln, ob diese Emotionalisierung wirklich überall angebracht ist, steht fest, dass Emotionen notwendig sind, um Handlungen zu motivieren. Nun wäre es jedoch ein Trugschluss, die Marke emotional zu positionieren, ohne dass Substanz und Design diesem Aspekt Glaubwürdigkeit verleihen könnten. Und selten ist auch die Strategie mancher Hersteller von Schuhen, Unterwäsche bis zur Bettwäsche von Erfolg gekrönt, die einfach eine Produktserie Emotions" nennen und hoffen, dass diese Bezeichnung Emotionen auslöst.

Grundsätzlich erscheint eine Kombination aus rationalen und emotionalen Werten am aussichtsreichsten, vorausgesetzt, Sie können halten, was Sie versprechen. Vergegenwärtigen Sie sich einfach den klassischen Maslowschen Ansatz der Hierarchie menschlicher Bedürfnisse: Natürlich entwickeln wir uns in den industrialisierten Ländern tendenziell in Richtung der höchsten Maslowschen Stufe, der Selbstverwirklichung. Aber wenn wir nichts zu essen haben und uns allgemein unsicher fühlen, interessiert uns diese nicht. Gleiches gilt für die Marke. Substanz und Design sind ein wichtiger Nährboden für Emotionen.

Renaissance der Hygienevariablen

Aufgrund des anhaltenden Kostendrucks reagieren viele namhafte Markenhersteller mit immer günstiger eingekauften Komponenten, die oft auch verringerte Qualität und Haltbarkeit bedeuten. Staubsauger, die früher als „unkaputtbar" galten, fallen schon nach kurzer Nutzung auseinander, obwohl die Marke traditionell hohe Qualität suggeriert. Laptops, die früher aus Metall waren, haben nur noch eine Metalloptik und verlieren nach kurzer Nutzung die Beschriftung ihrer Tastatur. Klangvolle europäische Namen fertigen selbst hochkomplexe Produkte in Fernost und laufen Gefahr, qualitätsverwöhnte Kunden zu verprellen, weil das Qualitätsversprechen nicht mehr eingelöst wird.

Einige Marken scheinen Qualität als Hygienevariable zu sehen, über die man sich nicht positiv abheben kann – nachvollziehbar. Sie sind aber offenbar der Fehleinschätzung erlegen, dass man ein Qualitätsversprechen deshalb nicht pflegen muss! Das Gegenteil ist der Fall: Wie man am Beispiel Toyota bzw. Lexus mit aus Kundensicht hervorragender Qualität und Zuverlässigkeit oder am Wiedererstarken von Manufakturen sieht, wird Qualität ganz und gar nicht langweilig. Nach der großen Emotionalisierungswelle ist sogar eine Renaissance der Hygienevariablen zu erwarten. Denn diese wurden nicht nur relativ gesehen, also im Vergleich zu emotionalen Themen, sondern auch absolut vernachlässigt.

Design als Bindeglied zwischen Funktionalität und Emotionalität

Wie wir in Kapitel 3 bereits gesehen haben, ist Design das zentrale Bindeglied zwischen Funktionalität und Emotionalität. Die regelmäßigen Facelifts, d. h. äußeren Modellüberarbeitungen in der Automobilindustrie manifestieren, wie wichtig Design ist. Selbst bei vermeintlich rein technischen Gütern, wie Druckmaschinen, Robotern oder Medizintechnik, wird Design bewusst eingesetzt und man weiß, dass es einen höheren Preispunkt ermöglicht und die Menschen im Buying-Center beeindruckt. Dessen bewusst wirbt der Roboterhersteller Kuka auf seinen Broschüren aktiv mit den renommierten IF und Red Dot Design-Awards.

Empirische Fallbeispiele belegen, wie groß der Effekt sein kann. Oft haben Unternehmen gleichzeitig zwei oder mehrere Modelle mit ähnlichem Leistungsspektrum auf dem Markt, die zu unterschiedlichen Zeitpunkten eingeführt wurden. Die Leistungsmerkmale des neueren, mit besserem Design ausgestatteten Modells sind in der Regel etwas besser, manchmal aber auch nicht. Erwartet wird, dass eine x-prozentige Leistungssteigerung maximal einen um x Prozent höheren Preispunkt rechtfertigt. Oft ist es hingegen für diese Firmen möglich, mit dem „gefacelifteten" Modell diese x Prozent zu verdoppeln und zu verdreifachen und gleichzeitig ein höheres Volumen zu erzielen.

4.2 Wie man die optimale Markenidentität entwickelt

Nun kennen Sie die *Ansprüche* an eine Markenidentität. Aber wie leiten Sie die Markenidentität inhaltlich konkret ab? Da sie relevant sein soll, müssen Marktkriterien widergespiegelt werden, die Sie aus dem *Marktmodell* kennen – sofern Sie nicht völlig das Geschäftsmodell des Marktes ändern und einen Strukturbruch herbeiführen wollen. Außerdem sollten die spezifischen Anforderungen an Ihre Marke sowie deren Stärken widergespiegelt werden. Diese kennen Sie aus den *Markenmodellen*. Um einzig zu sein, sollten zusätzlich möglichst wenige der Markenwerte und -facetten Ihrer Markenidentität bereits von der Konkurrenz besetzt sein.

Zunächst ist es wieder sinnvoll, die Organisation einzubinden, das heißt ihr aufzuzeigen, wie sie sich unbewusst präsentiert – falls es bislang keine festgeschriebene Markenidentität gibt. Existiert bereits eine Markenidentität, können Sie diese als Grundlage nehmen und mittels statistischer Modellierungen auf Marktrelevanz und Optimierungsmöglichkeiten überprüfen. Wie das genau geht, wird später gezeigt. Haben Sie keine, besorgen Sie sich alle Dokumente, in denen Ihre Firma über sich schreibt: z. B. den Geschäftsbericht mit Vision und Mission des Unternehmens, Imagebroschüren, Kundenzeitschriften, Bewerberlektüre, das Unternehmensleitbild, der Internetauftritt etc. Schreiben Sie die Begriffe auf, mit denen Ihre Firma sich porträtiert. Es wird viel von Qualität, Innovation und Kundenorientierung zu lesen sein und natürlich von den Besonderheiten, die das Unternehmen selbst für besonders relevant hält. Machen Sie einfache Strichlisten mit Vokabeln, die sich immer wieder finden, und erstellen Sie daraus einige Folien für eine spätere Präsentation.

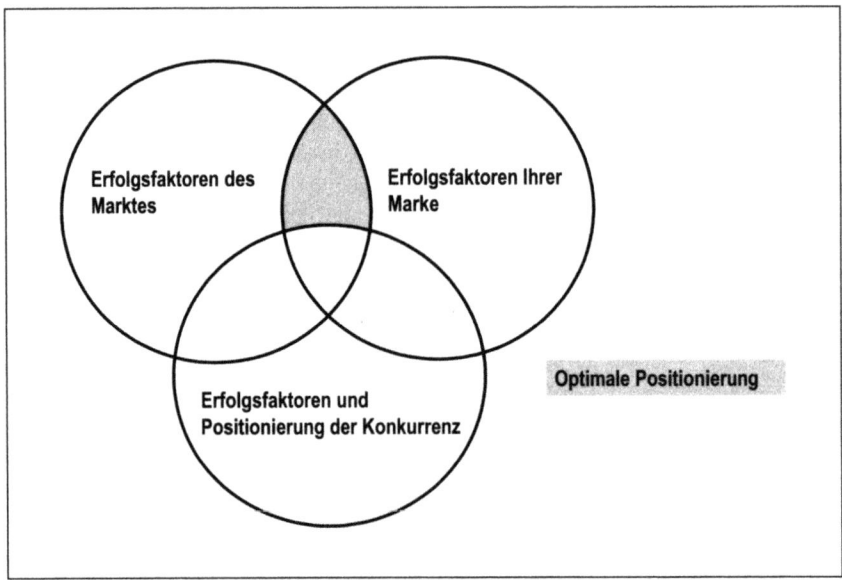

Abbildung 41: Ableitung der Markenidentität: Sie geht auf Marktanforderungen, die Stärken der eigenen Marke sowie die der Wettbewerber ein

Des Weiteren bereiten Sie die Informationen auf, die Sie während des Branding Beliefs Audits (siehe Kapitel 1) auf die Frage erhalten haben, wofür die Marke in Zukunft stehen sollte. Hier lassen sich erste Unterschiede zwischen Anspruch und Wirklichkeit identifizieren. Wahrscheinlich wird weder die Selbstpräsentation des Unternehmens noch der Wunsch der Organisation die optimale Zielrichtung für die Marke darstellen. Wie Sie das herausfinden können? Mithilfe der Modellierung, sobald Ihre These(n) zur Markenidentität fest stehen.

Hypothesengenerierung und Relevanztests

Nichts wäre tragischer, als sich eine Markenidentität auf die Fahne zu schreiben, die wenig relevant ist. Viele Firmen wissen überhaupt nicht, ob das, was sie für relevant halten, auch von ihren Kunden für relevant gehalten wird. Sie erforschen nicht systematisch die Verbesserungsmöglichkeiten ihrer Markenidentität. Manchmal werden die Defizite der bestehenden Markenpositionierung zwar gesehen, aus Sorge sich unternehmensintern in die Nesseln zu setzen, wird aber nichts getan. Deswegen ist wichtig, sich ausreichend Zeit für den Prozess der Hypothesengenerierung und -überprüfung (z. B. was ist der viel versprechendste Markenkern?) zu nehmen. Die logische Reihenfolge der Schritte ist dabei zu beachten.

Hypothesengenerierung und -überprüfung gehören zu den wichtigsten Schritten des Markenführungsprozesses. Aus diesem Grund sollte der Prozess sehr strukturiert angegangen werden:

1. Aus dem anfänglich durchgeführten *Branding Beliefs Audit* haben Sie eine erste Hypothese erhalten, in welche Richtung sich die Marke verändern sollte. Es war wichtig, dies zu einem frühen Zeitpunkt herauszufinden, denn nur so konnten Sie sicherstellen, dass genau diese Begriffe in der Markenstudie auch abgefragt wurden.

2. Während eines *weiteren Workshops* mit den Vorstandsmitgliedern können Sie diese Hypothese ändern oder ergänzen: Da Markenführung aufs Engste mit der Unternehmensführung verknüpft ist, ist die Bestimmung der Markenidentität unbedingt Chefsache.

3. Falls in diesem Workshop keine Einigkeit über eine Hypothese erzielt wird, diskutieren Sie *konkrete Alternativen* und schreiben Sie diese hinsichtlich des Markenkerns und der dazugehörigen Markenwerte auf und notieren Sie Präferenzen. All diese können später modelliert und in ihrer Relevanz simuliert werden.

Grundsätzliche Überlegungen zum Thema Relevanz

Die Markenidentität soll heute und auch in der Zukunft maximal relevant sein, um Kunden zu überzeugen und zu einer starken Marke zu führen. Nun fragen Sie sich vielleicht, was mit Themen ist, die heute noch *nicht* relevant sind, aber an die Sie glauben. Natürlich können Sie Themen relevant *machen*. Nur steckt ein erheblich größerer Aufwand dahinter, ein Thema relevant zu machen, als es einfach „nur" positiv zu besetzen, wenn es schon relevant ist. Intel mit „Intel inside" ist das beste Beispiel, dass man latente Bedürfnisse wecken bzw. Themen relevant machen kann, die vorher noch nicht auf der Kriterienliste der Konsumenten waren. Aber manchmal funktioniert dieses „Relevanz erzeugen" eben nicht: Wir erinnern uns alle an die E.On „Mix it baby" Kampagne und an Yello Strom, beides bekannte Beispiele doppelter Irrelevanz. Erstens spielt bei der Ware „Strom" die Marke nur eine untergeordnete Rolle und zweitens ist es den meisten Marktteilnehmern egal, ob Energie gemischt werden kann bzw. dass Strom eine Farbe haben könnte.

Eine zweite Relevanzfrage befasst sich mit dem Thema, ob die Markenidentität nicht vergleichsweise konservativ bleibt, wenn sie auf Basis aktueller Markenforschung bzw. heutiger Relevanz optimiert wird. Dies beinhaltet die Frage, ob nicht manchmal ein Quantensprung angesagt ist, also eine Revolution statt einer Evolution? Die Frage kann ganz klar mit Nein beantwortet werden. Denn die Marke ist per se etwas Stabiles, Langlebiges, das nur behutsam verändert werden sollte. Und Markenstabilität bedeutet, dass durchaus ein technologischer Quantensprung oder ein Strukturbruch im Geschäftsmodell möglich wäre – aber eben bei Produkten oder dem Geschäftsmodell und nicht bei der Persönlichkeit/Identität der Marke selbst. Sie als Mensch können sich ebenfalls weiterentwickeln, neue Hobbies und Fähigkeiten erwerben, aber im Kern bleiben Sie immer noch Sie selbst.

Markenidentitätsfindung für das Beispiel *Charisma*

Nun gilt es für *Charisma* die optimale Markenidentität festzulegen. Zunächst wird die erste, bereits vorliegende oder aus dem Vorstandsworkshop gewonnene, Markenidentitätshypothese in einem Kausalmodell abgebildet: Der Markenkern beeinflusst die Markenstärke, der Kern wird wiederum von den Werten gespeist, und die Werte werden durch die Indikatoren operationalisiert.

Die gesamte Markenidentität, d. h. ein Markenkern, die ihn prägenden Markenwerte und die Facetten, die die Markenwerte ausmachen, wird nun ursächlich in Verbindung mit der Markenstärke gebracht. Das errechnete Bestimmheitsmaß R^2 zeigt, wie stark die wahrgenommene Markenstärke von der Markenidentität beeinflusst wird. Es ist also eine Maßzahl für die Relevanz der Markenidentität. Sie können danach alle Ihre verschiedenen Hypothesen via Modellierung testen, die Relevanzen miteinander vergleichen und die optimale aussuchen. Neue Hypothesen lassen sich aus dem Datenmaterial und insbesondere einer Korrelationsmatrix, die alle Facetten und Markenstärkeindikatoren untereinander korreliert, gewinnen.

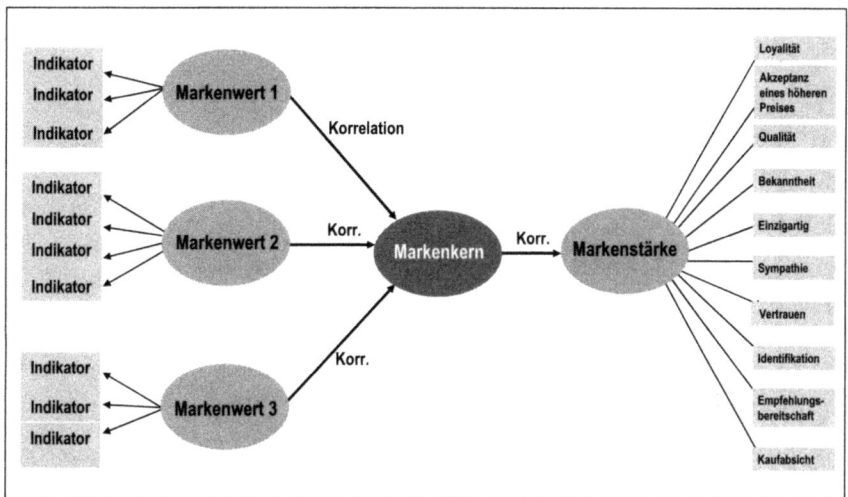

Abbildung 42: Abbildung eines Kausalmodells: Relevanz der Markenidentität für die Markenstärke

Am wichtigsten ist die Identifikation des Markenkerns, er ist der Engpass für das gesamte Modell Ihrer Identität. Wenn der Kern für die Markenstärke nicht relevant ist, können die Markenwerte nicht zur Entfaltung kommen – genau dies ist der Fall in der ursprünglichen Hypothese *Charismas*: „Exklusivität" ist als Markenkern ungeeignet, denn die Korrelation zwischen Exklusivität und Markenstärke ist nur mäßig.

Sie sehen verschiedene Dinge in Abbildung 43: Erstens, wie relevant die gesamte Markenidentität ist, d. h. wie viel Prozent der Markenstärke durch die Markenwerte, -facetten und den -kern bestimmt werden. Der Markenforscher sieht dies am R^2: In diesem Falle wird 20 Prozent der Markenstärke erklärt. Erschrecken Sie nicht, wenn der Wert niedrig ist, denn nur in den universitären Lehrbüchern werden 90 Prozent und mehr erreicht – allerdings bei nicht vergleichbaren Längsschnittstudien, d. h. Zeitreihen. Empirisch betrachtet liegen die meisten komplexen Querschnittstudien eher bei unter 30 Prozent; alles über 30 Prozent gilt hingegen als gute Modellierung. Die Zahl bei 2) zeigt Ihnen, wie eng der Markenkern mit der Markenstärke zusammenhängt, wenn diese Zahl unter 0.5 bis 0.6, wie im hiesigen Fall, liegt die Vermutung nahe, dass das Optimum noch nicht gefunden wurde.

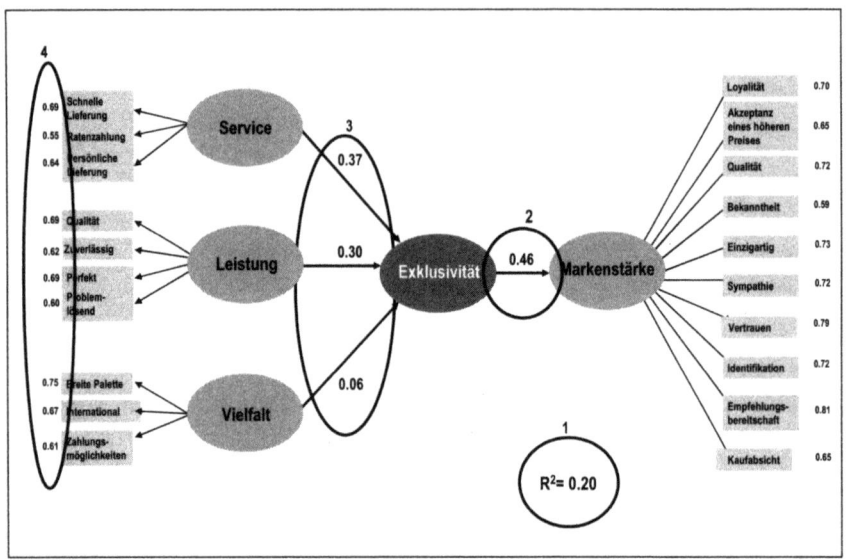

Abbildung 43: Überprüfung der ursprünglichen Markenidentitätshypothese *Charismas* mit Markenkern Exklusivität – diese Identität ist nur mäßig relevant

Überprüfen Sie, ob der Kern wirklich relevant für den Kunden ist – also ein Kauffaktor – oder eher in Ihrem Unternehmen intern als relevant angesehen wird. Bei 3) sehen Sie, wie stark die einzelnen Markenwerte auf den Markenkern einzahlen. Sind diese niedrig, haben Sie die Markenwerte eventuell noch nicht optimal ausbalanciert bzw. mit der Markenidentität thematisch verknüpft. Oder sie haben wirklich nicht viel mit dem Markenkern zu tun. Bei 4) erfahren Sie, wie gut die einzelnen Markenwerte durch die Facetten operationalisiert werden. Facetten mit Werten unter 0.6 bis 0.7 sollten nicht auftreten – niedrige Werte deuten auf eine schlechte Operationalisierung hin. In diesem Pfadmodell erhalten Sie also schon viele Ansatzpunkte für die Optimierung.

Nun lassen Sie die alternativen Markenidentitäten von Ihrem Marktforschungsinstitut testen und den Einfluss auf die Markenstärke, d. h. die Relevanz in Form der R^2 vergleichen. Ziel ist: eine insgesamt hohe Relevanz (siehe 1), ein schlagkräftiges „Herz" (siehe 2) mit recht balancierten Werten (sonst ist die Abhängigkeit von einem Markenwert zu groß, siehe 3) sowie geeigneten Operationalisierungen (siehe 4). Die Simulation sollte zunächst auf Basis der Erwäger stattfinden, weil diese entweder schon Kunden oder zumindest nahe dran sind und Sie diese Gruppe keinesfalls verlieren möchten. Verläuft diese Simulation viel versprechend, erweitern Sie die Simulation auf die breitere Zielgruppe der guten

Kenner, das ist das langfristige Potenzial. Ärgern Sie sich nicht, wenn die Werte Sie beim ersten Wurf noch nicht überzeugen. Leider gibt es keinen Computer, bei dem Sie einen Knopf drücken und unten die perfekte Markenidentität herauskommt. Nach vielen Simulationen ergab sich eine für *Charisma* hoch relevante Markenidentität, die „Faszination" als Markenkern hat – siehe folgende Abbildung.

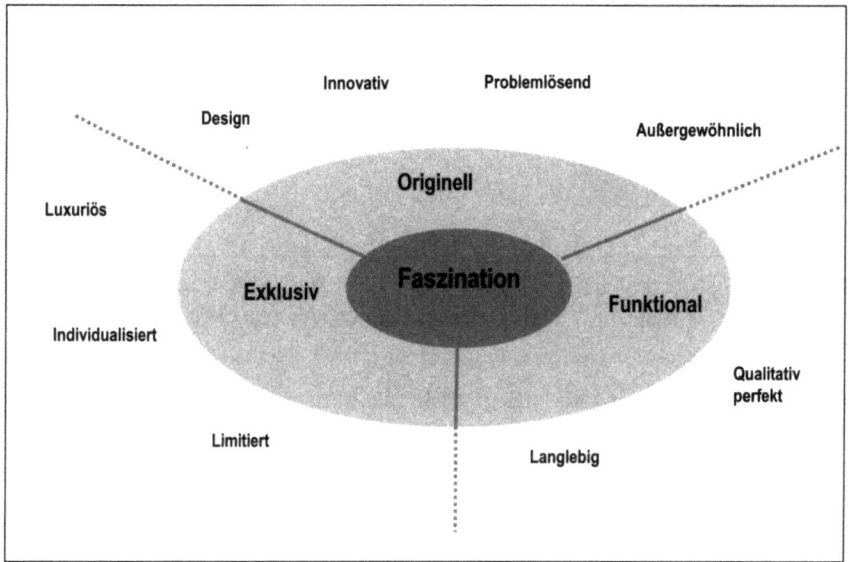

Abbildung 44: Charismas neue Markenidentität

„Faszination" wirkt in der Tat geeignet, sie ist eine eindeutig positiv belegte Emotion, die dauerhaft angelegt ist und einen Kundennutzen beinhaltet. Die Relevanz der Markenidentität für die Markenstärke ist mit 0.55 fast dreimal so hoch wie die Ausgangshypothese mit 0.20! Dies bedeutet, dass Markenaktivitäten, die diesen Kern Faszination durch die angegebenen Werte Exklusivität, Originalität und Funktionalität stärken, die Markenstärke (und damit Markanteil und Preispremium) fast dreimal so gut beeinflussen können wie vorher mit dem Markenkern Exklusivität.

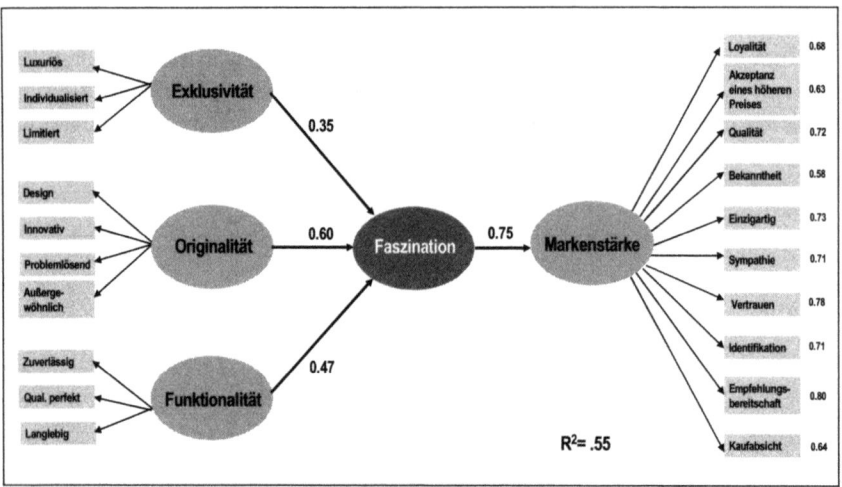

Abbildung 45: Überprüfung der Relevanz der neuen Markenidentität mit Markenkern Faszination – hohe Relevanz der gesamten Identität

Für Ihre Entscheidung sollte jedoch nicht allein die *Relevanz* der Markenidentität ausschlaggebend sein, sondern auch die aus der heutigen Sicht der Zielgruppe wahrgenommene *Leistung* Ihrer Marke entlang der entsprechenden Markenwerte und Facetten im Vergleich zur Konkurrenz. Wenn Sie eine hoch relevante Markenidentität haben, die keine Entsprechung in der Leistung der Produkte findet, ist keinem gedient, da das Kundenerlebnis zwangsläufig zur Enttäuschung führen muss, wie z. B. bei Mercedes durch Rückrufaktionen.

Ist die Markenidentität auch lebbar?

Wählen Sie zunächst wieder eine „Währung", einen Benchmark, mit dem Sie die Leistung Ihrer Marke entlang der Markenidentität vergleichen wollen – mit dem Durchschnitt der erhobenen Wettbewerbsmarken oder, anspruchsvoller, mit dem stärksten Wettbewerber. Dann zeigen Sie, wie gut die Zielgruppe Ihre Marke auf dem jeweiligen Wert im Vergleich zur Konkurrenz wahrnimmt.

Ein Häkchen zeigt, dass Ihre Marke signifikant besser wahrgenommen wird als die Konkurrenzmarken, ein Kringel, dass sie mehr oder weniger gleichauf liegt, ein Kreuz, dass sie schlechter in der Wahrnehmung abschneidet. Idealtypisch schlagen Sie einen Markenkern vor, der ein Häkchen hat, mindestens einen Kringel! Grundsätzlich ist zu empfehlen, eine gesamte Markenidentität zu wählen, die irgendwo zwischen „Häkchen" und einer „Mischung" liegt, d. h. maximal eine Identität, wo Ihnen einige Themen gehören und Sie sich bei anderen noch verbessern müssen. Denn, wie bereits beschrieben, soll die Markenidentität zwar eine Herausforderung darstellen, aber mittelfristig erreichbar sein. Es ist durchaus möglich, dass Sie sich strategisch für eine etwas bessere Leistung auf Kosten einer etwas geringeren Relevanz entscheiden. Dies hängt davon ab, wie stark die Bereitschaft Ihrer Organisation ist, alle Maßnahmen zu ergreifen, die mittelfristig dazu führen, dass alle Felder ein Häkchen besitzen, sprich, dass Ihnen Ihre Markenidentität „gehört". Die als Paketlieferant bekannte Firma UPS beispielsweise hat großen Wert darauf gelegt, erst die internen Fähigkeiten eines „Logistikprofis" aufzubauen, bevor die neue Positionierung extern kommuniziert wurde.

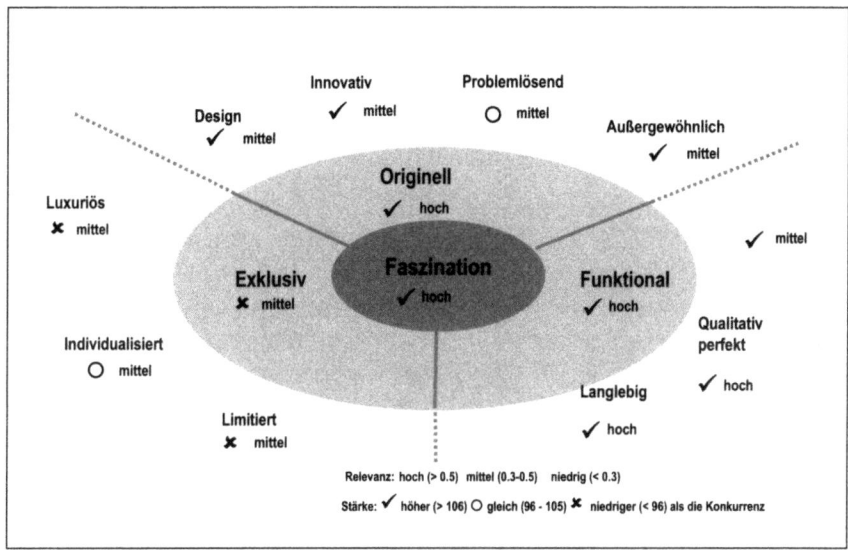

Abbildung 46: Wahrgenommene Leistung entlang der Markenidentität – Herausforderungen bei Exklusivität

Charisma ist beim Wert „Exklusivität" besonders gefordert, weil die Marke bei den Facetten „luxuriös" und „limitiert" im Konkurrenzvergleich schlecht abschneidet. Der Wert „funktional" hingegen „gehört" *Charisma*.

Leistungen der Länder entlang der Markenidentität

Neben der gewichteten globalen Markenidentität können Sie die Leistungen entlang der Markenidentität pro Land abbilden, um später konkrete Strategien für die Ländergesellschaften zu entwickeln und heraus zu finden, welche Länder verantwortlich für ein nicht perfektes Abschneiden in der globalen Markenidentität sind.

Meist sind aufgrund der unterschiedlichen Konkurrenzsituationen in den einzelnen Ländern die Markenleistungen sehr unterschiedlich und geben Aufschluss über aktuelle Positionierungsdefizite. Die folgende Abbildung zeigt pro Land die wahrgenommene Leistung im Vergleich zur Konkurrenz.

	J	UK	E	CHN	F	BRA	USA/CDN	A
Faszination	O	✓	✓	O	✓	✓	O	✓
Funktional	✓	O	✓	✓	✓	✓	✓	✓
Exklusiv	O	✗	✗	✗	✗	O	✓	✗
Originell	O	✓	✓	✓	✓	✓	✓	✓
Zuverlässig	✓	✓	✓	✓	O	✓	✓	✓
Qual. perfekt	✓	✓	✓	✓	✓	✓	✓	✓
Langlebig	✓	O	✓	✓	✓	✓	✓	✓
Design	✓	O	O	✓	✓	O	✓	✓
Innovativ	O	✓	✓	✓	✓	✓	✓	✓
Problemlösend	O	✓	✗	O	✓	O	✗	✓
Außergewöhnlich	✓	✓	✓	✓	✓	✓	✓	✓
Luxuriös	✗	✗	✓	✓	✗	O	✗	✓
Individualisiert	O	✓	O	O	✓	✓	O	✓
Limitiert	✓	✗	✗	O	O	✗	✗	✓

Abbildung 47: Leistung entlang der Markenidentität in den untersuchten Ländern

Ist die Markenidentität hieb- und stichfest?

Immer mehr deutet darauf hin, dass für *Charisma* eine wirklich gute Markenidentität gefunden wurde. Die Qualitätsprüfung ist aber noch nicht völlig bestanden. Es gilt, die Zukunftssicherheit, Einzigartigkeit und die Verträglichkeit mit der Unternehmensstrategie und möglichen aktuellen Initiativen des Unternehmens zu überprüfen.

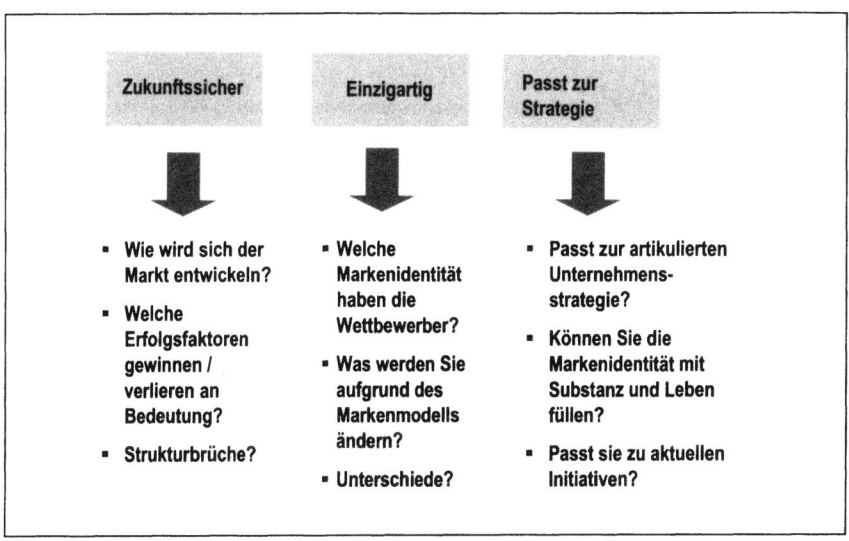

Abbildung 48: Überprüfung, ob die Markenidentität hieb- und stichfest ist

Für die Ermittlung der Zukunftssicherheit nimmt man sowohl die Elemente der Markenidentität als auch die wichtigsten Erfolgsfaktoren des Marktmodells und erörtert anhand dieser zumindest qualitativ, ob diese Faktoren auch in Zukunft Bestand haben werden, ob sie wichtiger werden oder an Bedeutung verlieren werden. Die Zukunft kann zwar keiner exakt vorhersagen, aber Sie werden durch die Diskussion eine gute Einschätzung bekommen, in welche Richtung sich die Parameter weiterentwickeln werden. Schließlich möchten Sie eine Markenidentität, die auch zukünftig relevant bleibt.

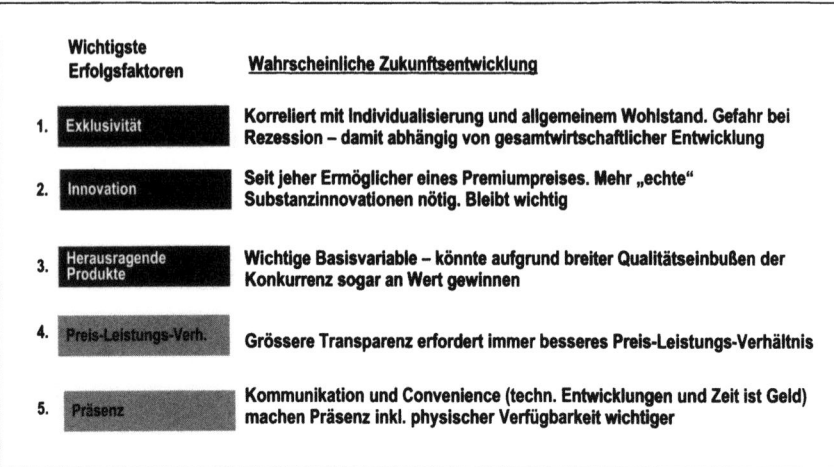

Abbildung 49: Beispiel eines Zukunftssicherheits-Checks entlang der Erfolgsfaktoren

Einzigartigkeit

Nun zur Überprüfung der Einzigartigkeit Ihrer Idee: Hierfür sollten Sie sich das Markenmodell Ihrer wichtigsten Konkurrenten sowie deren Markenidentität anschauen. Manchmal werden diese Markenidentitäten sogar öffentlich dokumentiert, weil Kenntnis darum noch lange nicht heißt, dass man sie mit Substanz erfüllen und damit nachhaltig kopieren könnte. Falls Sie diese Information *nicht* haben, bitten Sie Ihre Wettbewerbsbeobachter, eine solche zu erstellen. Wenn es Wettbewerbsbeobachter in Ihrem Unternehmen gibt, befinden sich diese meist in der Marktforschung, der Konzernentwicklung oder den Geschäftseinheiten. Wenn es keine solche Einheit gibt, schauen Sie sich den Internetauftritt der wichtigsten Konkurrenten an sowie alle öffentlich verfügbaren Informationen wie Pressemitteilungen, Slogans, Geschäftsberichte etc. Mutmaßen Sie, was sich die Konkurrenzmarken auf die Marken-Fahnen geschrieben haben und skizzieren Sie deren Markenidentität. Am besten Sie setzen sich für alle drei Themen – Einzigartigkeit, Zukunftssicherheit und Abgleich mit der Strategie – mit einigen Experten aus der Konzernentwicklung zusammen und eruieren die Themen gemeinsam.

Wie man die optimale Markenidentität entwickelt

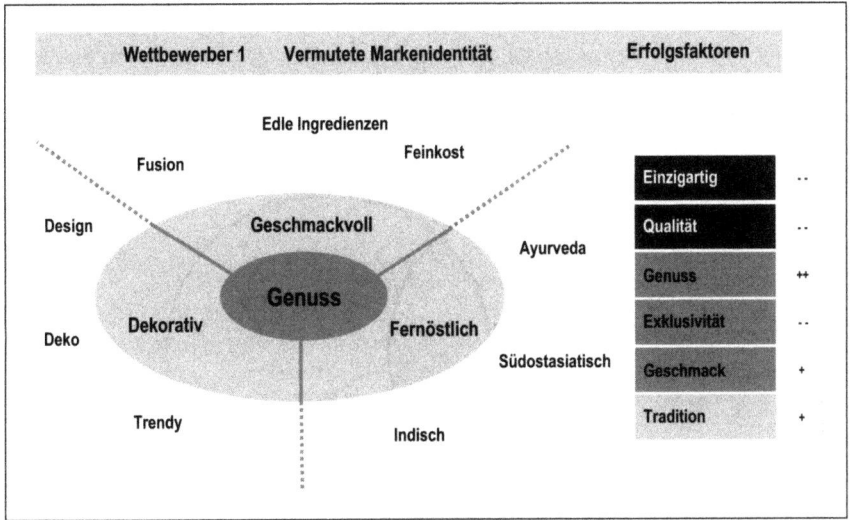

Abbildung 50: Test auf Einzigartigkeit: Die vermutete Markenidentität der Konkurrenz

Sobald die vermutete Markenidentität der Konkurrenz skizziert ist, zeigt sich, ob Ihre Idee einer Markenidentität Bestand hat. Wettbewerber 1 positioniert sich in die sinnliche Genussrichtung und offeriert alles Schöne, Leckere aus Fernost – keine Gefahr für *Charisma*, auch wenn *Charisma* Produktideen aus Fernost mitbringt und sich ebenfalls „Design" auf die Fahnen schreibt. Denn nur die *gesamte* Ausrichtung der Marke muss sich unterscheiden, nicht jedoch einzelne Facetten. Sie werden niemals Markenwerte finden, die allein Ihrer Marke in der Wahrnehmung der Verbraucher gehören. Einzigartigkeit ergibt sich somit aus der Kombination der Werte, nicht aus den einzelnen Werten selbst. BMW hat neben dem Markenkern „Freude" die drei Markenwerte „herausfordernd", „dynamisch" und „kultiviert". „Herausfordernd" im Automobilsektor ist auch der Smart, „dynamisch" auch ein Alfa und „kultiviert" auch ein Rolls-Royce, aber in der Kombination ist die Marke BMW nicht nur sehr erfolgreich, sondern auch einzigartig.

Übereinstimmung mit der Unternehmensstrategie

Wenn auch diese Überprüfung zur Zufriedenheit verlaufen ist, steht noch die Frage aus, ob die Markenidentität zur verfolgten Unternehmensstrategie, Vision und Mission sowie aktuellen Initiativen passt. Hier sollte es zumindest keine großen Widersprüche geben. Kleine Richtungsänderungen sind durchaus möglich und als sinnvolle Inspiration zu betrachten. Dies vor dem Hintergrund, dass nicht nur die Unternehmensstrategie die Markenstrategie beeinflusst, sondern auch umgekehrt. Vorbildlich ist, wenn sowohl Unternehmensstrategie als auch die Kultur und Markenidentität aus einem Guss sind.

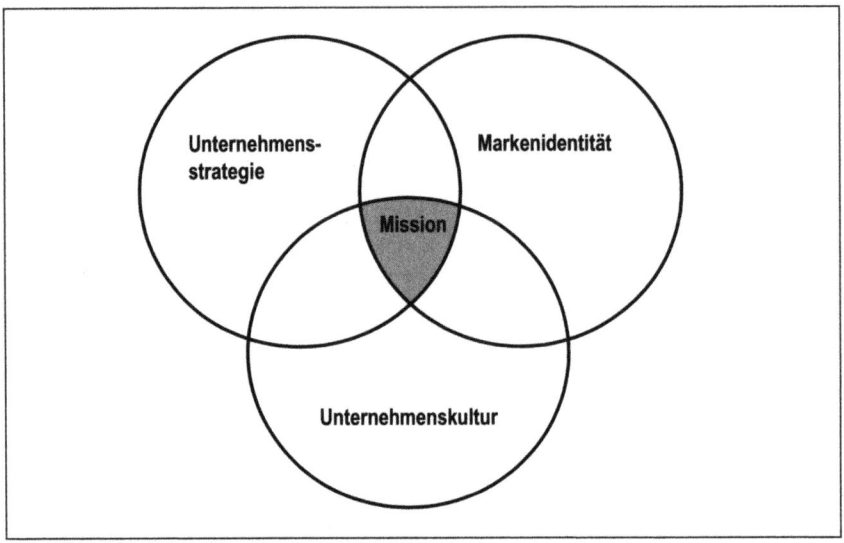

Abbildung 51: Übereinstimmung von Strategie, Kultur, Markenidentität wird angestrebt

4.3 Wie global kann, wie lokal muss die Markenidentität sein?

Eine Debatte auf www.brandchannel.com zeigt, wie sehr Markenexperten gespalten sind, wenn es um die Frage geht, ob Marken besser global oder länderspezifisch geführt werden: „Eine Welt bedeutet eine Marke, da die Welt aufgrund der Globalisierung ähnlich denkt", sagt der eine. Der nächste behauptet, dass Ansichten und Einstellungen zur Marke länderspezifisch sind und es kein *Einheitsbranding* geben könne. Wer hat Recht?

Der letzte Test für eine globale Markenidentität liegt darin, die Sinnhaltigkeit eines weltweiten Ansatzes empirisch zu überprüfen. Nicht überall auf der Welt gelten die gleichen Kriterien der Nachfrage und sind Marken aus den gleichen Gründen attraktiv. Grundsätzlich lässt sich z. B. über alle Branchen hinweg beobachten, dass der Stellenwert der rational-funktionalen Kriterien gegenüber emotionalen Kriterien dann geringer wird, wenn der wirtschaftliche Entwicklungsstandard steigt. Gut zu beobachten ist dies zurzeit in China bzw. in ganz Asien. Während im hoch entwickelten Ostasien emotionale Kriterien wie Prestige recht wichtig sind, sind in den Tigerstaaten Südostasiens immer noch rationalere Kriterien wie „Qualität" und „Zuverlässigkeit" gefragt, die in Japan und Korea bereits selbstverständlich geworden sind.

Wir alle kennen erfolgreiche Marken, die global identisch positioniert sind, z. B. McDonald's, Coca Cola oder die amerikanische Landtechnikfirma John Deere. Es existieren aber auch Marken, die regional sehr unterschiedlich positioniert sind, z. B. Shiseido, eine japanische Kosmetikmarke, die in Europa exklusiv mit schmalem Sortiment und selektivem Vertrieb ausschließlich im Fachhandel vertreten ist. Im Heimatland Japan jedoch wirkt sie eher bieder mit einem breiten, Putzmittel, Scheren und andere Haushaltsprodukten umfassenden Sortiment, das bis zum Jahr 2000 auch breit vertrieben wurde und kein gutes Image hat. Das Management ist offenbar mit jener Diskrepanz unglücklich – fraglich, ob dies nicht vermeidbar gewesen wäre! Wäre es nicht wunderbar, genau zu wissen, wo man sich identisch positionieren kann und wo hingegen eine veränderte Positionierung sinnvoller wäre?

Die Kernfrage hierbei ist, welche Eigenschaften in den einzelnen Märkten wie relevant sind bzw. ob die ausgewählte Markenidentität weltweit relevant ist und damit Erfolgspotenzial hat. Dafür sollte weltweit in jedem einzelnen Land die Relevanz für die Markenstärke bei einem R^2 über 0.3 liegen. Im vorliegenden Beispiel sehen Sie, dass sich im Vergleich zur Ausgangshypothese die Relevanz in allen betrachteten Märkten deutlich erhöht hat, bzw. der gewichtete Schnitt sich weltweit fast verdreifacht hat!

Auffällig ist, dass Japan, wenn auch immer noch relevant, relativ gesehen am schwächsten da steht – dies ist noch genauer zu untersuchen und zu erklären. Die folgende Abbildung 52 zeigt zunächst die Ausgangshypothese, dann das Modell auf Erwägerbasis für die Loyalisierung bestehender Kunden sowie kurz- bis mittelfristige Neukundengewinnung, und schließlich das Modell auf guter Kennerbasis, wichtig für die langfristige Eroberung neuer Kunden. Wollen Sie bestehenden Kunden noch mehr verkaufen, d. h. den „Share of wallet" (= Penetration) erhöhen, ist das Modell auf Erwägerbasis wichtiger; sind Sie eher auf Erreichen neuer Zielgruppen aus (Abdeckung), das Modell auf Kennerbasis. Meist wird jedoch sowieso eine Kombination aus Abdeckung und Penetration angestrebt. Im Beispiel ist mit Ausnahme Frankreich und England das langfristige Eroberungspotenzial für diese Markenpositionierung sogar noch größer als für das Ausschöpfen bestehender Erwäger.

Einfluss der Markenidentität auf die Markenstärke (R^2)

	Alte Hypothese	Neue Hyp.: Erwäger	Neue Hyp.: Gute Kenner
J	0.20	0.40	0.44
UK	0.21	0.57	0.58
E	0.20	0.43	0.47
CHN	0.24	0.62	0.64
F	0.17	0.53	0.52
BRA	0.25	0.61	0.60
USA/CDN	0.18	0.52	0.58
A	0.22	0.59	0.60
 🌐	0.22	0.55	0.58

Abbildung 52: Relevanz der *Charisma* Markenidentität hat sich fast verdreifacht – Modell funktioniert in allen Ländern

Wie ähnlich ticken die Länder hinsichtlich Anforderungen an die Marke?

Unterschiedliche Länder haben in der Tat unterschiedliche Anforderungen. Aber ganz so oft, wie dies von Länderchefs behauptet wird, müssen nationale Sonderwege nicht sein. Denn die Unterschiede sind oft nicht so groß, dass dies gerechtfertigt oder effizient wäre. Grundsätzlich gibt es aus Sicht der Zentrale drei Positionierungsalternativen:

1. global – einheitliche Markenführung
2. regional – Gruppierung von Ländern in der Markenführung
3. lokal – spezifische Marktbearbeitung.

Die Wahl sollte nicht willkürlich geschehen, denn die Alternativen können in ihrer Sinnhaftigkeit beurteilt werden. Eine Analyse der Ähnlichkeit der Erfolgsfaktoren im Markt offenbart, ob und wo Unterschiede bestehen, auf die eingegangen werden muss. Die Ähnlichkeit oder Unterschiede in der *Markenleistung* der Länder sind offenkundig, wichtig ist aber die *Relevanz* der einzelnen Anfor-

Wie global kann, wie lokal muss die Markenidentität sein?

derungen an die Marke. Mit einem eigens entwickelten Homogenitätskriterium kann die Ähnlichkeit empirisch überprüft werden: Man geht von den globalen Erfolgs- und Misserfolgsfaktoren im Marktmodell aus und berechnet pro Land die Relevanzen dieser Erfolgsfaktoren. Danach werden Länder bezüglich ihrer Ähnlichkeit mittels einer Clusteranalyse, die Ähnliches zusammenfasst und von Unähnlichem abgrenzt, gruppiert. Diese verwendet verschiedene Kriterien, die visualisieren, wie viele Länder untereinander homogen, im Vergleich mit anderen jedoch heterogen sind.

In unserem Fall ist das Homogenitätskriterium, das zwischen –1 (komplett entgegengesetzte Anforderungen) und +1 (völlig homogene Anforderungen) liegt, mit 0.88 sehr hoch. Das bedeutet, dass sich alle Länder in ihren Anforderungen stark ähneln. Wenn man es genau wissen will, kann man das Modell nach ihrer Ähnlichkeit in zwei oder mehr Gruppen spalten, um kleinere Unterschiede zu erkennen. Dies wurde für *Charisma* gemacht und es ergab sich folgendes Bild:

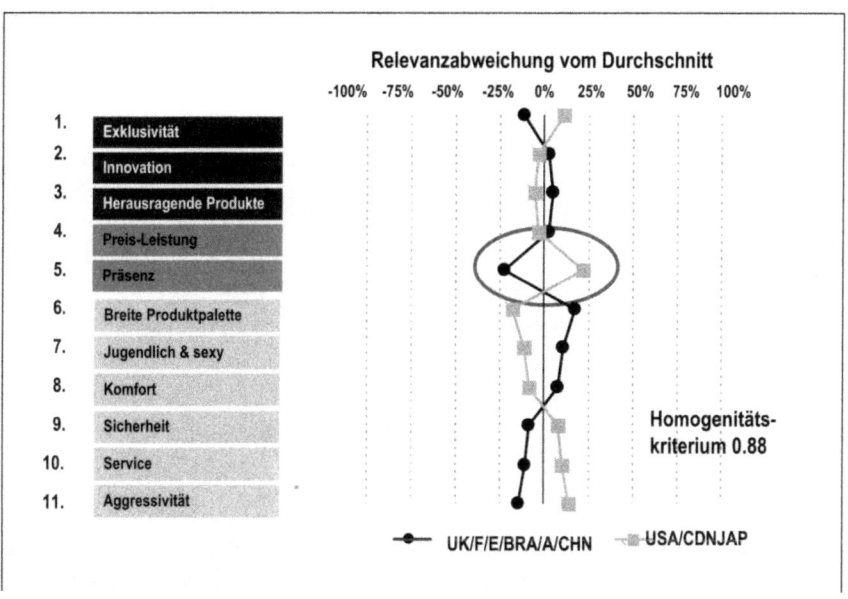

Abbildung 53: Feingruppierung der Länder hinsichtlich der Relevanz von Erfolgsfaktoren im Markt – nur bei genauer Sicht zwei Gruppen erkennbar

Im Beispiel befinden sich die USA, Kanada und Japan in einer Gruppe. Im Vergleich zu anderen Ländern ist für sie der Stellenwert *Exklusivität* höher und *Präsenz* (operationalisiert in physische Verfügbarkeit und aktive Kommunikation) wichtiger. Im Nachhinein ist dies auch nachvollziehbar, da z. B. die Japaner schon immer ein Faible für Luxusprodukte hatten – aufgrund der eher kollektivistischen Kultur ist es den Japanern wichtig, Produkte zu besitzen, über die auch andere reden. Physische Präsenz ist in den USA Nordamerika aufgrund der Convenience-Kultur bedeutend und in Japan wegen der hohen Bevölkerungsdichte und den ausgelösten Verkehrsstaus. Kommunikation ist in beiden Ländern sehr wichtig: die USA sind extrem kommunikativ, sowohl aktiv als auch passiv – man denke nur an die Vielzahl der TV-Kanäle und ihre Nutzung.

Hat dieses Ergebnis nun einen Einfluss auf die Ausgestaltung der Markenidentität? Nein, denn erstens zeigte die Clusteranalyse keine Notwendigkeit zur Gruppierung in zwei oder mehr Gruppen. Und zweitens ist „Exklusivität" schon Teil der vorgesehenen Identität, und ihr explizites Ausleben wird fortan *Charisma* in Nordamerika und Japan helfen. „Präsenz" ist ein Infrastrukturkriterium, das in der Identität nicht vorgesehen ist. Einer globalen Markenidentität steht damit nichts im Wege.

Wann wären zwei oder mehrere unterschiedliche Markenidentitäten vonnöten gewesen? Wenn es gemäß der Clusteranalyse klare Gruppen gegeben hätte und Anforderungen, die in einem Land Erfolgsfaktoren und im anderen Land Misserfolgsfaktoren sind. Gerade bei kulturell sensiblen Themen wie „Aggressivität" oder „Sexualität" wird eine einheitliche Positionierung für eine Marke aber schwierig sein, dies sieht man bei einigen Zeitschriftentiteln wie Cosmopolitain, wo mit körperlicher Freizügigkeit in den Ländern unterschiedlich umgegangen wird.

Wie ähnlich wird die Marke in den einzelnen Ländern heute gemanagt?

Nun kennen wir die Anforderungen des Marktes. Aber wie sieht es mit der aktuellen Markenführung in diesen Ländern aus? Wenn Sie eine analoge Analyse auf Basis des *Markenmodells* (statt des Marktmodells) durchführen, erhalten Sie eine wichtige und oftmals aufschlussreiche Grundlage zur Festlegung der lokalen Strategie. Denn hier zeigt sich, ob die Länder gemäß den *Anforderungen an die eigene Marke* gemanagt werden bzw. welche Länder *ähnlich geführt* werden. Wieder betrachten Sie das Homogenitätskriterium und gruppieren die Länder. Im untenstehenden Beispiel für *Charisma* sehen Sie, dass die Ähnlichkeit der Länder bezüglich der Markenführung deutlich niedriger ist als der Markt selber. Und interessanterweise sind nicht wieder Japan und Nordamerika in einem Cluster, sondern ist diesmal Japan mit China gruppiert! Da die Ansprüche der Länder jedoch unterschiedlich sind, ist dieser gemeinsame Markenführungsstil nicht sinnvoll. Dies ist ein wertvoller Anhaltspunkt zum Verständnis, weshalb in unserem Beispiel in Japan die Markenstärke und die erreichten Marktanteile *Charismas* bislang unbefriedigend sind.

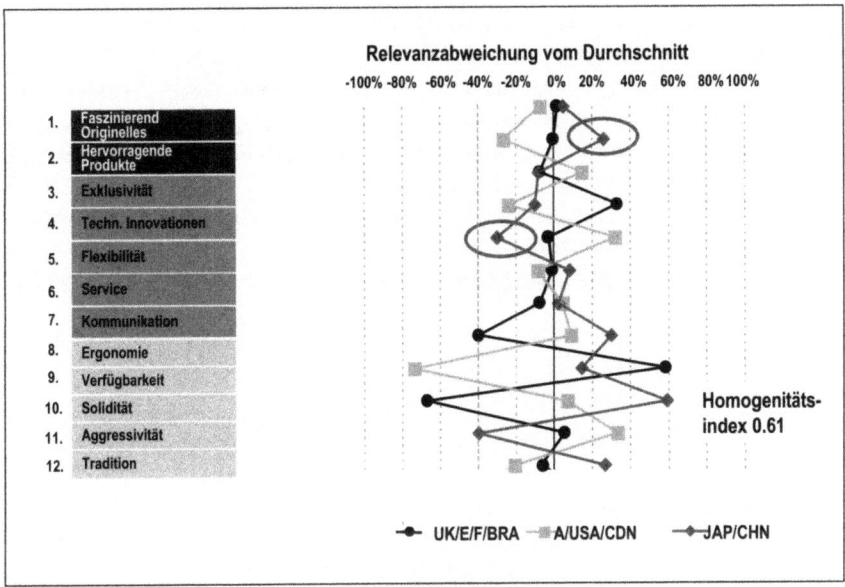

Abbildung 54: Feingruppierung der Länder hinsichtlich der Führung der Marken

Was in einem Land funktionierte, muss im nächsten nicht zum Erfolg beitragen: Beim Austausch von Top Managern von einem Land zum nächsten ist deshalb zu berücksichtigen, welche Anforderungen das neue Land an die Marke stellt, und die verfolgte Strategie dahingehend abzustimmen.

Das Phänomen „größerer Unähnlichkeit der Markenführung, als im Markt gefordert" finden Sie typischerweise in dezentral organisierten Unternehmen, während bei zentral ausgerichteten Firmen die Markenführung eher straffer ist, als der Markt es erfordert. Ziel ist, hier eine Übereinstimmung zwischen Anspruch der Marke und ihrer Führung herzustellen.

Zusammenfassung der Schritte

Fassen wir noch einmal zusammen, was die Schritte zu optimalen Markenidentität sind:

- Qualitative Ableitung aus den Markterfolgsfaktoren, eigenen Erfolgsfaktoren und Abgrenzung zur Konkurrenz
- Generierung von alternativen Markenidentitäten
- Überprüfung der Relevanz der alternativen Markenidentitäten
- Überprüfung der Leistung der eigenen Marke – max. eine „Mischbewertung", was die Leistung anbelangt
- Sicherstellung, dass die Markenidentität zukunftssicher ist, einzigartig und mit der Unternehmensstrategie kompatibel ist
- Analyse, ob eine globale Markenidentität möglich ist oder verschiedene regionale, lokale nötig sind
- Analyse, ob die Marke schon heute gemäß den Markenanforderungen gemanagt wird.

Quintessenz

▷ Eine Markenidentität beschreibt das gewollte Selbstbild einer Marke.

▷ Sie ist dann gut, wenn sie heute und in der Zukunft für die potenziellen Kunden relevant ist, nachhaltig und authentisch lebbar, anders als die Konkurrenz, schwierig zu kopieren und möglichst ein breites Spektrum der bisher unter der Marke angebotenen Produkte und Dienstleistungen umfasst.

▷ Die Hirnforschung zeigt, dass Vernunft zu Schlussfolgerungen führt, Emotionen hingegen zu Handlungen.

▷ Inhaltlich soll die Markenidentität deshalb ebenso rational wie emotional sein. Wenngleich aktuell die Emotionalisierung stärker betont wird, weil sie den entscheidenden Kick zum Kauf gibt, wird von der Autorin eine Renaissance der funktionalen „Hygienevariablen" wie Qualität und Zuverlässigkeit erwartet.

▷ Markenidentitäten lassen sich modellieren, um ihre Relevanz zu simulieren. Empirisch gelenkte Kreativität ist sinnvoll; ungelenkte „große Ideen" laufen Gefahr, wenig relevant zu sein.

▷ Die optimale Markenidentität lässt sich aus multivariaten Markenforschungsergebnissen ableiten. Sie muss den Erfolgsfaktoren des Marktes, den eigenen Stärken sowie den bereits besetzten Terrains der Konkurrenz Rechnung tragen. Mithilfe dieser Vorgehensweise ist es möglich, die Relevanz der eigenen Positionierung zu verdoppeln oder gar zu verdreifachen.

▷ Eine Markenidentität ist sinnvollerweise dann global, wenn die Ansprüche der Länder ähnlich sind. Die Ähnlichkeit dieser Anforderungen an die Marke lässt sich statistisch modellieren. Ebenso lässt sich quantifizieren, ob die Markenführung in den Ländern mit den Anforderungen übereinstimmt. Oft sind die Ansprüche der Länder weitaus homogener als in dezentralen Organisationen vermutet, was Synergien in der Markenführung ermöglicht.

5. Markenstrategien: fokussiert und substanziell

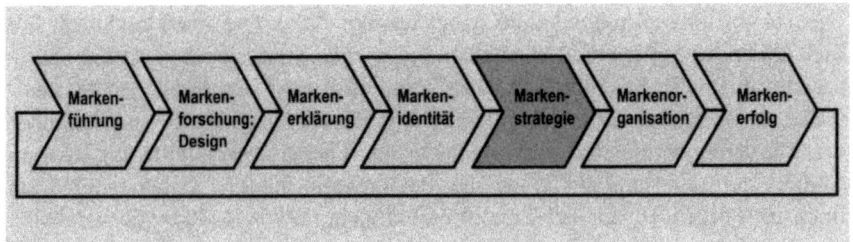

Am Ende dieses Kapitels wissen Sie ...

▷ wie Sie die Markenziele aus den Unternehmenszielen ableiten
▷ warum die Markenstrategie sich nicht auf den Prozess vom Bekanntmachen bis zur Kundenbindung beschränkt
▷ was Markensubstanzsicherung konkret bedeutet
▷ wie lokale mit globalen Strategien verzahnt werden und das notwendige Budget abgeleitet wird.

„Die Strategie ist eine Ökonomie der Kräfte."
Carl von Clausewitz, preußischer General

Die Zukunft eines Unternehmens hängt von der Zukunft seiner Marken ab. Für den Erfolg der Marken bedarf es einer siegreichen Strategie, die gekonnt umgesetzt wird. Das ist jedem von uns klar, und umso mehr verwundert es, dass entweder der Begriff der Markenstrategie oft eng definiert, d. h. mit einer Kommunikationsstrategie gleichgesetzt wird oder das Thema übersimplifiziert wird im Sinne von: „und dann schreiben Sie die Strategie nieder". Daher möchte ich mich im Folgenden mit der Frage beschäftigen, was eine Strategie beinhaltet und was eine gute Strategie ausmacht.

Der Begriff kommt ursprünglich aus dem griechischen und bezeichnet die Feldherrnkunst, die Kunst der Führung von Streitkräften. Dabei fallen die beiden Wörter *Kunst* und *Führung* ins Auge. Kunst kommt von „Können", also der Anwendung hoch entwickelter Fähigkeiten im Sinne einer überdurchschnittlichen Leistung. Führung hingegen bedeutet Leitung einer Sache, eines Themas oder von Personen sowohl nach außen als auch nach innen. Diese Leitung erfolgt durch Formulierung weitsichtiger Ziele und deren langfristige Umsetzung mit geeigneten Mitteln. Im Sinne antiker Philosophen hieß strategisches Denken mathematisch-logisches Denken. Dieses Denken bezieht alle entscheidenden Faktoren in einen Plan mit besonderer Sensibilität für die Konsistenz der Gedankenlogik ein.

Demnach gibt es folgende Bestandteile einer Strategie:

- das Ziel,
- die Mittel,
- die Elemente der Umsetzung sowie
- deren logische Verknüpfung.

Eine Strategie hat immer das Ziel im Auge – und leitet davon die Maßnahmen zur Zielerreichung ab. Eine Strategie ist also *nicht* Co-Branding oder ein Erlebniskonzept – dies sind Einzelmaßnahmen einer Strategie. Wenn Sie nun Markenstrategie mit einer Werbekampagne gleichsetzten, wäre das ganz klar zu kurz gegriffen.

Wie global kann, wie lokal muss die Markenidentität sein? 111

Was zeichnet eine *gute* Strategie aus? Sie ist für die Markenstrategen selbst klar, aber für die Konkurrenz geheim bzw. nicht unmittelbar durchschaubar. Sie ist kühn, nicht vorsichtig. Sie umfasst eine zeitliche abgestimmte Abfolge von inhaltlich verzahnten Elementen. Sie überrascht und antizipiert die Reaktionen der Konkurrenz, entwickelt aus dem Markenmodell der Konkurrenz. Ihre Schubkraft ist fokussiert, die Kräfte gebündelt. Ingesamt eine logische Komposition mit Kreativität in der Ausgestaltung.

Wenn es nun um die Ableitung einer Markenstrategie geht, ist die relevante, differenzierte Marken-Positionierung inhaltliches Mittel zum Ziel. Vom Prozess her gilt es sicherzustellen, dass die Marke ausreichend bekannt und begehrt wird. Um beides zu erreichen, bedarf es Markensubstanz, die die Positionierung dem Kunden inhaltlich bestätigt, glaubwürdig werden lässt und damit Vertrauen auslöst. Es bedarf außerdem Innovationen, welche die Positionierung zeitgerecht interpretieren. Und es bedarf Fokus und Konsequenz hinsichtlich der Markenidentität, die als Filter dient, so dass die Marke in den gesteckten Grenzen mit Konsistenz und Kontinuität gelebt wird. Dafür wird ein holistischer Ansatz benötigt, der die Marke überall in der Organisation „atmen" lässt.

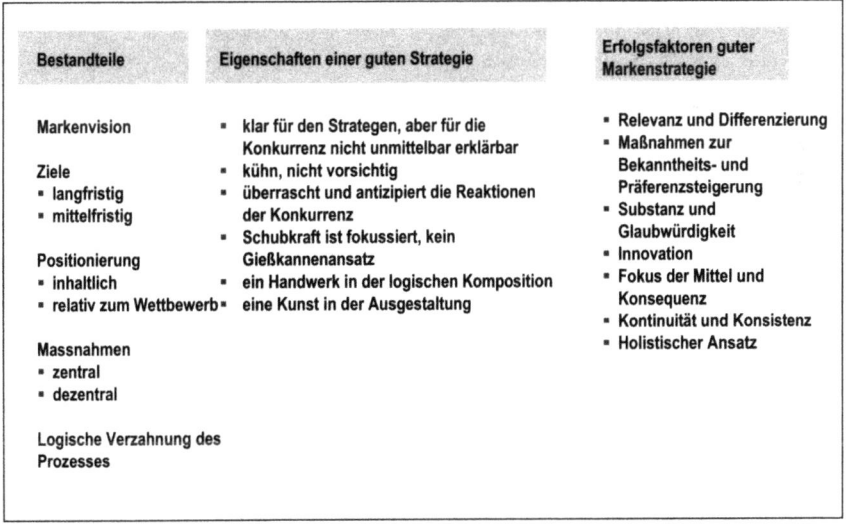

Abbildung 55: Bestandteile und Eigenschaften einer überzeugenden Markenstrategie

5.1 Vision und Ziele

Eine gute Vision hat etwas Verwegenes. Sie soll kühn sein, denn sie stellt die langfristige, motivierende Möglichkeit einer Zukunft dar. Bill Gates hatte einst die Vision, dass es irgendwann in jedem Haushalt einen Computer geben würde – im Jahr 1975 noch als Utopie verschrien. Der europäische Flugzeugbauer Airbus könnte bei Gründung bereits die Vision gehabt haben, Weltmarktführer zu werden, und heute die Vision haben, dass Fluggesellschaften ausschließlich eine Airbusflotte haben wollen bzw. Passagiere nicht nur von A nach B fliegen sondern artikulieren, dass sie einen Airbus nachfragen und dort Meilen sammeln wollen.

Eine Vision ist per se vom aktuellen Zustand weit entfernt. Anders als Ziele darf sie qualitativ sein und fast unerreichbar wirken – aber eben nur fast. Der Faszinationshersteller *Charisma* träumt davon, im Jahr 2010 weltweiter Markführer für anspruchsvolle Geschenke der Besserverdienenden zu sein.

SMARTe Ziele

Fahren wir fort mit den Zielen der Marke. Ziele sind zeitlich festgelegte Meilensteine auf dem Weg zur Erreichung der Vision. Oft sieht man in Marketingberichten ein Ziel niedergeschrieben, dass die Bekanntheit einer Marke gesteigert werden soll. Obwohl sich solche Aussagen gut und richtig anhören, sind sie suboptimal. Warum? Zunächst ist Bekanntheit kein Ziel per se, sondern nur eine Zwischenetappe zu etwas Größerem, das sich in dem finanziellen Ergebnis Ihrer Firma niederschlägt – z. B. die Marktführerschaft. Außerdem heißt „gesteigert" lediglich eine positive Entwicklung ohne Konkretisierung – daher versteht jeder etwas anderes darunter. Ziele sollen am besten „SMART" festgelegt werden:

- **S** steht dabei für spezifisch, unmissverständlich und ganz konkret.
- **M** steht für messbar, es sollte später objektiv anhand von möglichst quantitativen Kriterien erkannt werden, ob das Ziel erreicht worden ist.
- **A** steht für attraktiv, d. h. positiv formuliert, ohne Negation.
- **R** heißt realistisch, d. h. erreichbar und von Ihnen wirklich beeinflussbar.
- **T** steht für terminiert, eine zeitliche Festlegung sowohl der Meilensteine als auch des Endergebnisses.

In unserem Beispiel möchte *Charisma* im Jahre 2010 in 20 Ländern mit seiner Marke präsent sein, davon in 15 Fällen die stärkste Marke (mit den bekannten Indikatoren) im relevanten Wettbewerbsumfeld und in allen 20 Ländern die bekannteste Marke im relevanten Markt sein.

Verzahnung der Markenziele mit den Unternehmenszielen

Marken- und Unternehmensstrategie sind untrennbar wie siamesische Zwillinge. Deswegen werden Markenziele systematisch mit den Unternehmenszielen verflochten, indem sie aus den Unternehmenszielen abgeleitet werden. Gehen wir davon aus, dass es in Ihrem Unternehmen eine unternehmerische Vision gibt sowie klar definierte finanzielle Unternehmensziele: Meist sind Umsatz-, Ergebnis- und Marktanteilsziele für die kommenden Jahre festgelegt. Sollten die Marktanteilsziele fehlen, können Sie die Marktentwicklung auf Basis von zu erwartenden Preisveränderungen und Volumensentwicklung prognostizieren und dann mit dem Zielumsatz in Verbindung bringen.

Nehmen Sie zunächst für Ihre Marke die relative Markenstärke. Diese ist die Markenstärke der eigenen Marke geteilt durch die beste bzw. nächstbeste Marke. Wenn dieser Wert >1 ist, ist man Markenführer. Ermitteln sie die relative Markenstärke für die betrachteten Länder und korrelieren Sie diese mit den erreichten Marktanteilen. Wie wir im zweiten Kapitel bereits gesehen haben, ist diese Korrelation ein Kerngrund, weshalb die Markenstärke so wichtig ist: Je höher die Markenstärke ist, desto höher ist der wertmäßige Marktanteil. Dann tragen Sie die heutige globale Marktanteilsposition Ihrer Firma ein, auf unserem Schaubild liegt der Marktanteil bei 15 Prozent.

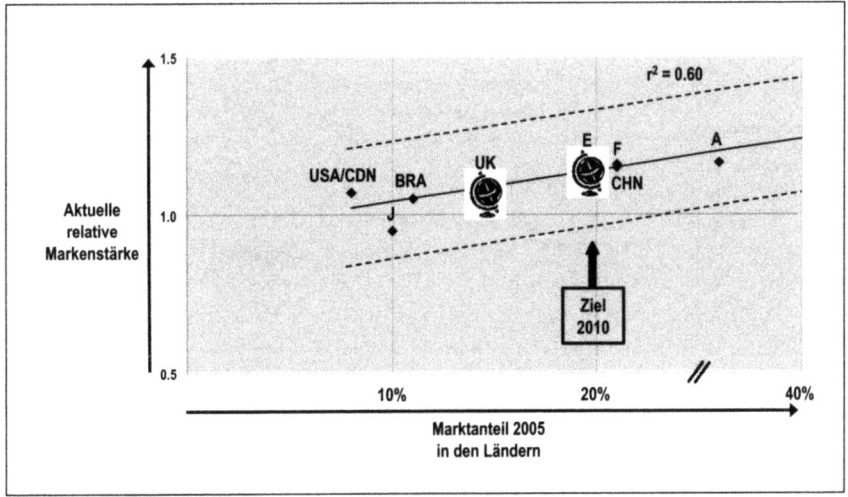

Abbildung 56: Korrelation zwischen relativer Markenstärke und erzieltem Marktanteil in *Charismas* Ländergesellschaften

Die Regressionsgerade zeigt Ihnen, welche Markenstärke Sie im Schnitt bräuchten, um den gewünschten Marktanteil zu erreichen. Die Beziehung zwischen den beiden Größen ist aber nicht deterministisch und hier soll auch keine Scheingenauigkeit vorgetäuscht werden. Deswegen stellt man die globale Markenzielposition in einem Korridor dar. Im Beispiel ist in der Vision verankert, dass im Jahre 2010 20 Prozent Marktanteil erreicht werden sollen. Nach der bisherigen Beziehung ergibt dies nach der Regressionsfunktion eine globale relative Markenstärke von 1.2 – ein *sehr* ambitioniertes Ziel.

Zur Herausarbeitung der Markenziele für die Länder nehmen Sie z. B. die Graphik mit den Präferenz- und den aktuellen Marktanteilswerten (siehe nächste Abbildung). Sie zeichnen die für die Länder in der Unternehmensstrategie eruierten Zielwerte für die Marktanteile ein und können sofort sehen, ob es mit einer Ausschöpfung der bestehenden Präferenz bzw. Markenstärke schon getan ist, oder ob Sie diese erst noch aufbauen müssen. In unserem Fall sehen Sie die Premiummarke unseres Faszinationsherstellers, die in Japan, England und China eine deutliche Präferenzsteigerung braucht, um die gewünschte Markenstärkeposition zu erzielen. Es geht hierbei nicht um die Länge des Pfeils, sondern um die Position im Vergleich zur Diagonalen.

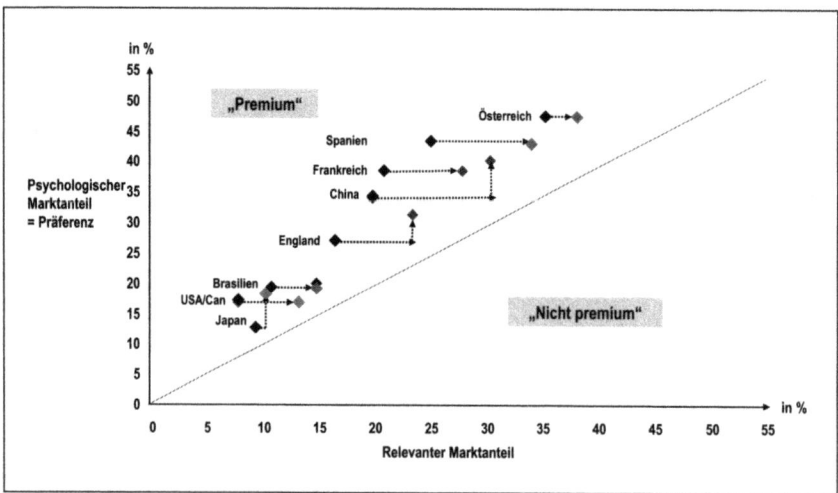

Abbildung 57: Zielpositionen werden rechnerisch oder aus der Graphik abgeleitet

Premiummarken befinden sich, wenn Sie gut gemanagt sind, im oberen Dreieck bzw. oberhalb der Linie, d. h. die Präferenz ist größer als der Marktanteil, z. B. Tiffany, Mont Blanc, Porsche. Diese Position signalisiert eine große Begehrlich-

Vision und Ziele

keit, aber auch, dass nicht jeder effektiv die Produkte kauft, der grundsätzlich den Kauf erwägt. Dies mag am hohen Preis, exklusiven Vertriebswegen oder beidem liegen. Verliert eine Marke den Premiumstatus, nähern sich die Punkte der Diagonalen. „Normale" Marken befinden sich um die Diagonale herum, münzen also Präferenz direkt in Marktanteil um. Guten Discountmarken, wie Aldi, gelingt dies. Schwache Marken und „Drückermarken" werden von den Konsumenten zwar gekauft, aber nicht gemocht. Sie befinden sich deshalb im unteren Dreieck. Ziel einer Premiummarke ist nun, möglichst viel Präferenz in tatsächlichen Kauf umzuwandeln, aber dennoch Premium zu bleiben – als Faustregel sollte die Präferenz circa ein Drittel höher sein als der Marktanteil. Deswegen reicht es im Falle von Japan und Spanien auch nicht, die vorhandene Präferenz auszuschöpfen, also einfach den Punkt nach rechts zu ziehen. Die Präferenz muss erhöht werden und die schon vorhandene Präferenz besser ausgeschöpft.

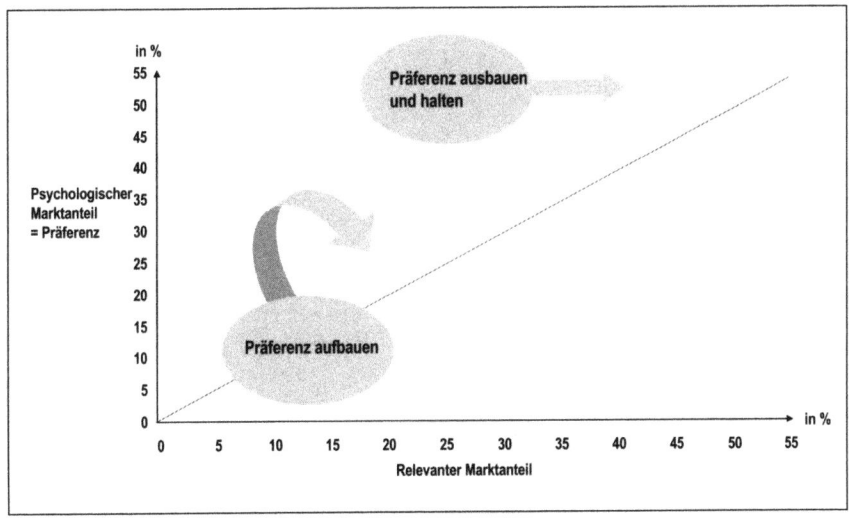

Abbildung 58: Schwerpunktziele lassen sich aus dem Chart ableiten

Die ersten aus der Unternehmensstrategie abgeleiteten bzw. rückgerechneten Ziele, Markenstärke bzw. die Präferenz sind Merkmale, die dem Marktanteilsziel schon recht nahe sind. Bevor diese erreicht werden, muss die Marke begehrt werden und gut bekannt sein, und der Transfer von der Bekanntheit zur Begehrlichkeit und zur Präferenz muss glücken – was erfahrungsgemäß in einigen Ländern schwerer ist als in anderen. Beleuchten Sie die Transferraten und setzen sich hier Ziele – dies ermöglicht eine Rückrechnung der Erwägung und guten Bekanntheit. Wenn Sie ambitioniert sind, nehmen Sie die Transferraten erfolgreicher Länder als Ziel oder die des besten Konkurrenten. Sind Sie konservativ, nehmen Sie den Durchschnitt über alle Ihre Länder.

Wie retropoliert man nun?

1. Leiten Sie den benötigten Marktanteil zur Visionserreichung ab.
2. Bestimmen Sie die für den Marktanteil benötigte relative Markenstärke anhand der Regressionsformel bzw. dem Regressionschart. Bestimmen Sie einen Korridor, da die Beziehung nicht deterministisch ist.
3. Lesen Sie die benötigte Präferenz aus dem Präferenz/Marktanteilschart ab.
4. Rechnen Sie von der Präferenz auf Erwägung, gute Kenner und allgemeine Bekanntheit zurück. Das Zurückrechnen erfolgt anhand von Benchmark- oder durchschnittlichen Transferraten.

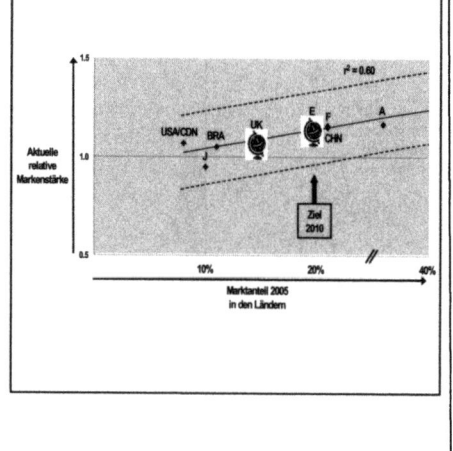

Vision
- Weltmarktführer für anspruchsvolle Geschenke der Besserverdienenden
- = stärkste Marke

Globale Ziele
- Markenstärkekorridor von 1.15-1.25
- Präferenzkorridor von 42% – 52%
- Korridor der guten Bekanntheit von 82 bis 92%
- = Marktanteil von 20% im Jahr 2010

Abbildung 59: Ehrgeizige *Charisma* Markenvision und Markenziele auf einen Blick

Haben Sie diese Aufgabe bewältigt, können Sie Vision und globale Ziele logisch verzahnt auf einer Seite darstellen und später die gleiche Übung mit den einzelnen Ländern durchführen, die natürlich spezifische Herausforderungen haben. Hierauf kommen wir in Kapitel 5.3 separat zu sprechen.

5.2 Sicherung der Markensubstanz als wichtigstes Markenelement

Die globale Strategie ist der Weg von der heutigen Markenposition zur Vision bzw. den Zielen in der weiteren Zukunft. Sie umfasst insbesondere die Markensubstanz, mit der das Ziel erreicht werden soll – ihr Inhalt wird per Definition zur erklärten Kernkompetenz des Unternehmens. Nun gilt es, die Markenziele mit der Markenidentität zu verheiraten und festzulegen.

- wie *priorisiert* wird (geographisch und innerhalb der Markenidentität),
- wie die Markensubstanz zur Gewinnung der Kunden geschaffen und gehalten wird (*Substanzsicherung*) und wie sich dies in den Berührungspunkten mit der Marke manifestiert,
- über welche Markenbotschaft und konkrete Kommunikationsmaßnahmen man im ersten Schritt überhaupt von der Marke erfährt. Wie man davon überzeugt wird, dass diese Marke besser sein könnte als die der Konkurrenz, sie auszuprobieren bzw. zu kaufen und dies fortwährend zu wiederholen (*Prozess des Bekanntmachens bis zur Bindung*),
- welche länderspezifischen Themenschwerpunkt bzw. konkrete Kommunikationsaktivitäten es gibt (länderspezifische Ausgestaltung bzw. *lokale Strategien*).

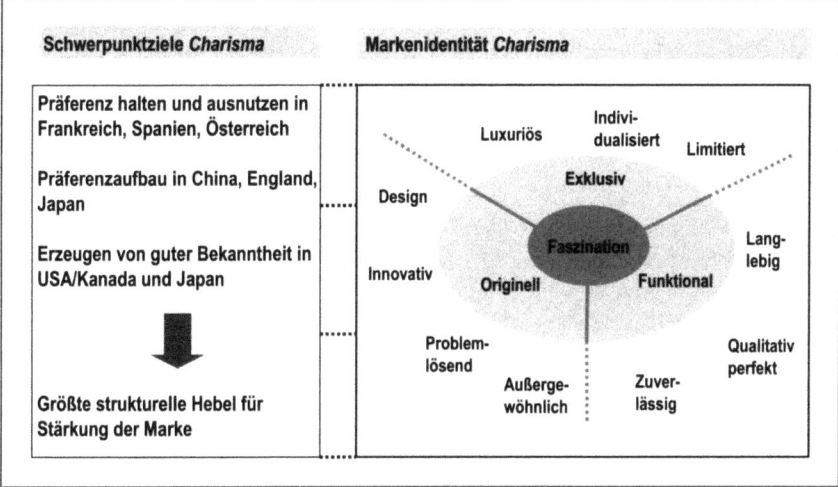

Abbildung 60: Markenziele sollen inhaltlich durch die Markenidentität erreicht werden. Beispiel *Charisma*

Da Fokussieren ein wichtiger Erfolgsfaktor für die Markenführung ist, ist zunächst zu klären, wie genau bezüglich geographischer und thematischer Ausrichtung priorisiert werden soll.

Priorisierung

Bei den meisten Unternehmen sind interne Managementkapazitäten begrenzt und die verfolgten Managementinitiativen zahlreich. Natürlich sollen möglichst alle Herausforderungen der Marke zeitnah bearbeitet werden. Da dies meist nicht möglich ist, gilt es, das theoretisch Mögliche in praktisch Machbares zu wandeln, sich auf einige Länder zu beschränken oder sie zumindest zeitlich zu priorisieren.

Zusätzlich ist die Philosophiefrage zu klären, ob lieber Stärken gestärkt oder Schwächen abgebaut werden sollen. Kulturelle Unterschiede treten bei dieser Frage zutage: Im angelsächsischen Raum werden Chancen und Vorteile grundsätzlich höher bewertet als Risiken und Nachteile, so dass die Option „Stärken stärken" der Möglichkeit „Schwächen abzubauen" vorgezogen wird. Dagegen wird Letzteres wiederum im deutschsprachigen Raum meist bevorzugt. Bedenken Sie, dass die Abwesenheit von Schwächen eine Marke nicht wirklich attraktiv macht, sondern mittelmäßig werden lässt. Während der letzten Jahre hat man aber gerade die Ausdünnung der mittelmäßigen Marken zugunsten von hochpreisigen Premium- und günstigen Discountmarken beobachten können. Obwohl beide Positionen klare Nachteile haben – die einen den hohen Preis, die anderen eine nicht optimale Qualität – werden sie dennoch gekauft. Uns Konsumenten ziehen Stärken an und wir nehmen Schwächen in Kauf, sofern diese keine Killerkriterien sind, die zur Ablehnung führen. Von daher empfehle ich im Allgemeinen, primär Stärken weiterhin zu stärken und erst dann Schwächen abzubauen.

Können Probleme auftauchen, wenn man diesen Rat nicht verfolgt und primär Defizitausgleichstrategien verfolgt? Aktuell lassen sich Versäumnisse im Sinne der Vernachlässigung von ursprünglichen Stärken sowohl bei Mercedes als auch bei Sony beobachten. Bei der Marke Mercedes haben z. B. bei C- und M-Klasse Qualitätsmängel sowie die zeitweise Verarbeitung billigerer Innenraummaterialien und technischer Komponenten zu einer Imageschädigung geführt. Nun will man mit einer groß angelegten Qualitätsoffensive das Qualitätsimage zurückerobern – ein schwieriges, mühsames und teures Unterfangen. Man nahm offenbar das Qualitätsimage als gegeben hin und höhlte es über die Zeit aus. Diese Vernachlässigung ist eine schleichende Gefahr wie versäumtes Zähneputzen – einige Zeit verursacht dies keine Beschwerden, aber irgendwann gibt es doch

Karies, was bekanntlich schmerzt und Verlust von Substanz bedeutet. Genauso hat Sony seine traditionelle Kernkompetenz bei Fertigung und Design nicht ausreichend gepflegt und wird Branchenbeobachtern zufolge derzeit z. B. bei LCD-Fernsehern regelmäßig von der ehemaligen Billigmarke Samsung übertrumpft.

Gehen wir einmal davon aus, dass Sie Stärken weiter stärken wollen. Was würde dies für Ihre Länderpriorisierung bedeuten? Sie pflegen die Länder, in denen Sie schon eine hohe Markenstärke oder zumindest einen positiven Trend haben, bauen diese weiter aus und verteidigen sie gegen die Konkurrenz. Länder mit zweifelhafter Markenstärke haben zweite Priorität. Natürlich ist die Markenstärke nicht der einzige Indikator, den Sie bei der Priorisierung berücksichtigen, sondern z. B. auch die Kluft zwischen aktueller und gewünschter Marktanteilsituation, so dass die konkrete Auswahl sich diesbezüglich noch einmal ändern kann.

Substanzsicherung im Rahmen der Markenidentität am Beispiel *Charisma*

Innere *Markensubstanz* macht die Marke authentisch – d. h., durch Substanz hält sie, was sie verspricht. Dass aktuelle Lehrbücher oft noch das Markenimage allein durch integrierte Kommunikationsmaßnahmen aufbauen wollen, verwundert. Denn Worte sind geduldig, Taten sprechen viel überzeugender! Und diese „Taten" manifestieren sich nun mal in der Markensubstanz. Wenn die Swisscom mit Markenkern „Partner" den Kunden Entlastung und Stressfreiheit verspricht, müssen diese Versprechen auch in Zügen und auf hohen Bergen mittels perfekter Netzabdeckung gehalten werden. Innerhalb der Zentrale schafft insbesondere die Produktentwicklung die weltweit gültige Grundlage der Marke, die Produkt- und Leistungssubstanz. Das zentrale Markenmanagement ist zuständig für globale oder zumindest multinationale markenstärkende Aktivitäten rund um den Markenauftritt, also das *Markenbild*. Die Länderorganisationen sind zuständig für lokale Adaptationen und insbesondere die Kommunikation vor Ort.

Denken Sie an die Perle der Alpen, das im Schweizer Wallis ansässige Saas-Fee. Saas-Fee übersetzt vorbildlich die Schweizer Stärke Natur, landschaftliche Ästhetik und Umweltbewusstsein und sichert die Substanz bis ins letzte Detail. So ist Saas-Fee „Energiestadt", die streng Energie spart bis hin zur individuell optimierten Toilettenspülung. Ferner hat sie architektonische Auflagen beschlossen: Jedes neu errichtete Haus muss nach Walliser Vorbild mindestens ein Drittel Holzfassade haben und dies wird bis zum Ticketautomaten auf dem Parkplatz, der in Holz verkleidet ist, durchdekliniert. Genauso im Nobelort St. Moritz, wo der Slogan „Top of the World" nicht beim Parkhaus endet, das jüngst zur schönsten Parkgarage der Welt gekürt wurde, weil es unter anderem eine Designgalerie mit den schönsten Jugendstilplakaten aus dem luxuriösen Kurort enthält.

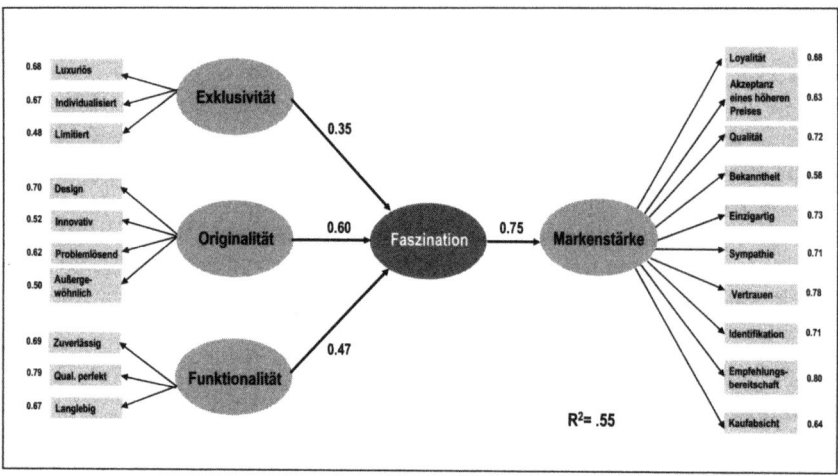

Abbildung 61: Wiederholung: Das Pfadmodell klärt *Charismas* Markenprioritäten

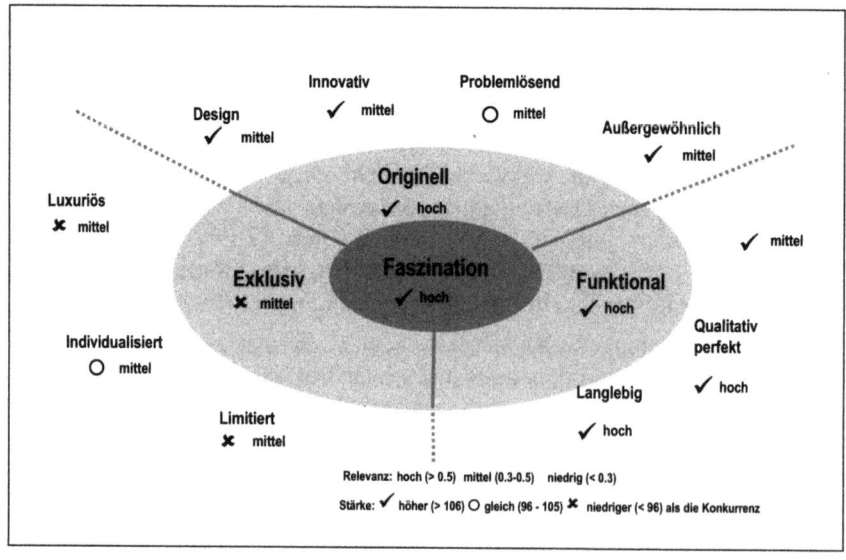

Abbildung 62: Wiederholung: Herausforderungen entlang der Markenidentität *Charismas*

Bleiben wir bei unserem Beispiel und betrachten die Markensubstanz von *Charisma* und wer für welchen Teil zuständig ist: *Funktionalität* ist zentrale Aufgabe von Produktentwicklung und Qualitätssicherung, *Originalität* hauptsächlich von Forschung und dem Designer im Markenteam, *Exklusivität* Aufgabe des Markenteams sowie des Vertriebs. Zur Ableitung der konkreten Aufgaben ist es hilfreich, sich noch einmal die Abbildungen 61 und 62 auf der gegenüberliegenden Seite zu vergegenwärtigen, die bereits vorgestellt wurden.

Erste Priorität hat demnach das Halten der guten (durch Häkchen gekennzeichnet), hoch relevanten (durch einen hohen Pfadkoeffizienten gekennzeichneten) Position bei der Originalität, dann die ausgezeichnete Position der Funktionalität und des Weiteren die Verbesserung der Exklusivitätsposition (weniger relevant, schlechtere Wahrnehmung).

Funktionalität

Hier wird die Grundlage einer starken Marke gelegt. Wenn die Produkte *funktional* nicht überzeugen, wird die Marke langfristig Schiffbruch erleiden. Kümmern Sie sich insbesondere um die Produktlinie, die mit Ihrer Marke am stärksten assoziiert wird – z. B. wird mit BMW immer noch am häufigsten die 3er Baureihe assoziiert, mit Vorwerk die Staubsauger, mit Würth die Schrauben. Diese Produktlinien wurden ja bereits in der Markenforschung in Kapitel 2 abgefragt. Bei der Leistungsfähigkeit dieser Produktlinie sollte kein Risiko eingegangen werden: im Zweifelsfall wird hier weniger gespart als bei anderen Produktlinien, die Qualität hoch gehalten, die Logistik besonders effizient gestaltet und die Vormachtstellung verteidigt.

Oft sind gerade diese für die Marke traditionellen Märkte heiß umkämpft, aber die Mühe lohnt sich, auch wenn die Möglichkeiten, objektive technische Wettbewerbsvorteile zu erzielen, über die Zeit geringer werden. Denken Sie an Mieles Qualitätsimage: Dank konsequenter **Markenpflege** genießt Miele auch heute noch einen ausgezeichneten Ruf und eine nachhaltig hohe Preisposition, auch wenn zahlreiche alte und neue Wettbewerber der Marke in puncto Qualität nicht mehr nachstehen und die Hälfte kosten. Stellen Sie interne Regeln auf, welche Qualitätstoleranzen Sie akzeptieren und dass Effizienz nicht auf Kosten von Qualität gehen darf. Z. B. dass es keinen Produktlaunch gibt, solange das Produkt nicht technisch ausgereift ist.

Aber achten Sie darauf, dass Qualität wirklich relevant ist! Als Frosta, der Direktvertrieb für Gefriergut, Qualität mit *Bio* gleichsetzte und aufgrund dieser Qualitätsoffensive die Preise erhöhte, brach der Marktanteil ein. Denn Bio war für die Zielgruppe nicht relevant bzw. löste keine Bereitschaft aus, höhere Preise zu zahlen. Wenn *Langlebigkeit* und *Zuverlässigkeit* Ihr Ziel sind, verwenden Sie die besten Materialien und zeigen durch Haltbarkeitstests, wie haltbar Ihre Produkte sind. Geben und kommunizieren Sie eine lange Garantie – Tupperware macht es mit 30 Jahren Garantie vor!

Originalität

Starke Marken brauchen für die Zielgruppe spürbare *Innovation*. Diese kann viele Formen annehmen, innere (technische) und äußere Produktinnovationen (Design) oder auch Prozessinnovationen (z. B. Vertriebswege, Angebotsbündelung, Service, Preismodelle). Meist ist es jedoch die Produktführerschaft, die strategisch eingesetzt wird, um Originalität zu kommunizieren! Obwohl es für viele trivial klingen mag, möchte ich darauf hinweisen, dass eine gute Innovation nicht die ist, die technisch sehr anspruchsvoll ist, sondern eine, die dem Kunden einen spürbaren Nutzen bringt und schließlich gekauft wird. Beim Automobil ist es nicht notwendigerweise eine High-tech-Innovation, die mit einem Akronym abgekürzt wird, das viele nicht verstehen. Sondern ein Low-tech-Produktkonzept wie eine Einparkhilfe, die akustische Signale sendet, wenn man dem Nachbarauto beim Parken zu nahe kommt. Der Köder muss dem Fisch schmecken und nicht dem Angler!

In diesem Zusammenhang ein Wort zum Thema *Tradition*: Sie zu haben stärkt das Innovationsimage. Empirisch konnte gezeigt werden, dass Tradition mit der wahrgenommenen Innovationskraft eines Anbieters positiv korreliert. Der Zusammenhang ist nur auf den ersten Blick verwunderlich. Auf den zweiten Blick wird klar, dass nur dann eine Firma eine Tradition haben *kann*, wenn sie ständig Innovationen auf den Markt gebracht hat, sonst wäre sie im Laufe der Zeit am Markt gescheitert.

Innovationen manifestieren sich aber nicht nur innerlich, sondern auch äußerlich in der Form von Produkt-, Verpackungs- oder sonstigen Designänderungen. *Design* ist, wie Siemens es treffend beschrieb, „das Gesicht der Innovation" und verkörpert, wie wir im vierten Kapitel empirisch überprüft haben, auch für den Verbraucher Modernität. Im Rahmen der Designstrategie soll die Markenidentität sich in den Produkten und im gesamten Markenauftritt wiederfinden. In unserem Fall soll nicht nur die überlegene Funktion, sondern auch der originelle Charakter durch eine eigenwillige Designsprache und der exklusive Anspruch durch Wahl hochwertiger Gehäusematerialien beim Produkt übersetzt werden. Aber nicht nur die Produkte selbst, das gesamte Erscheinungsbild in den Geschäften, der Internetauftritt, die Verpackung, die Kommunikationsmaterialien, sprich alle Berührungspunkte mit der Marke sollen mit einer einheitlichen Handschrift versehen sein, die sich in den Corporate-Design-Richtlinien niederschlägt.

Ihre Designphilosophie sollten Sie abhängig davon wählen, wie kurzlebig Ihre Branche ist: Bei kurzen Produktlebenszyklen ist ratsam, dass das Design sofort gefällt und den nötigen Kaufimpuls auslöst, genau wie ein gefälliger Popsong, der später zum Ohrwurm wird – und irgendwann nervt, aber dann haben Sie die CD schon. Bei Produkten mit langen Zyklen hingegen kann es sinnvoller sein, eher einen Verlauf analog einer Gaußkurve zu haben – dies entspricht einem Lied, das Sie erst mehrfach hören müssen, bis der Funke überspringt („gewöhnungsbedürftig"), das Sie dann aber sehr lange schätzen.

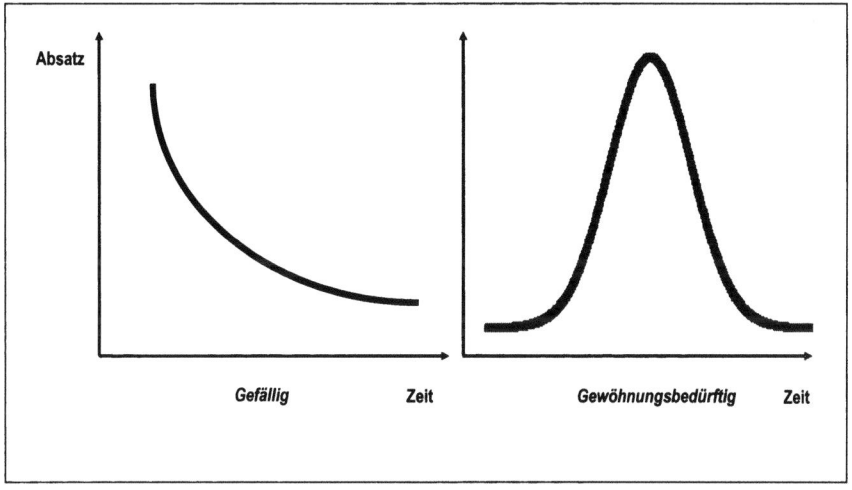

Abbildung 63: Gefälliges und gewöhnungsbedürftiges („acquired taste") Design

Das *Außergewöhnliche* schlägt sich in dem Anspruch *Charismas* nieder, dass das angebotene Produkt noch in keinem der Länder, in denen die Marke vertreten ist, von jemand anderem angeboten wird. Und selbst wenn es ähnliche Produkte bereits gibt, werden diese nicht zugekauft, sondern mit einer eigenen Handschrift versehen selbst produziert, so dass sie wie noch nicht erhältliche Produkte wirken. Das Unternehmen unterhält in den relevanten Produktkategorien einen eigenen Stab zur weltweiten Wettbewerbsbeobachtung und kann nach bestem Wissen und Gewissen behaupten, dass es die angebotenen Waren noch nicht gibt. So könnte ein akkubetriebener Unterwasserschlitten nicht angeboten werden, der sicher und ohne Kraftaufwand die Magie der Meere erkunden hilft. So originell er sich anhört – es gibt ihn leider schon.

Für den exklusiven Hersteller heißt *Problemlösung* als Facette der Originalität, dass mit jedem der Produkte ein latentes Bedürfnis gestillt wird, so wie der Versandhändler Pro-Idee es vorführt: ein Julienne-Schneidemesser, das mehrere feine Gemüsestifte gleichmäßig schneidet und damit Kraft, Zeit und Nerven spart – da entsteht Lust auf die Funktion.

Exklusivität

Für *Charisma* bedeutet Exklusivität zunächst *Luxus* in einer traditionellen Definition: die Firma versteht darunter teilweise kunstvolles Handwerk, die Verwendung ausgesuchter, teurer Materialien, Liebe zum ausgeklügelten Detail und echten Mehrwert, der die hohe Preisposition rechtfertigt. Ausschließlicher Einkauf edelster und seltener Ingredienzien und Komponenten bei ausgewählten Lieferanten, eigene Produktion und Qualitätssicherung, ausschließlich selektiver und direkter Vertrieb über eigene Läden und die eigene Webpage, um Kontrolle darüber zu erlangen, soll die Exklusivität sicherstellen.

Für Exklusivität spielt die *Limitierung*, d. h. künstliche Verknappung, eine Rolle und die ist, wie man bei der Bewertung entlang der Markenidentität sieht, dem Hersteller *Charisma* noch nicht gut gelungen. Limitierung bedeutet für ihn fortan die ausschließliche Vermarktung über direkt kontrollierbare Vertriebswege, also Umgehung des Einzelhandels – der teure Königsweg für gute Markenführung. Das Vermarkten von „Limited Editions" demonstriert zusätzliche Knappheit und Exklusivität.

Letztlich ist die konsequente *Individualisierung* ein weiterer Bestandteil der Exklusivität des Herstellers. Genau wie Dell es vormacht, wenn der Kunde bei Kauf eines PCs unzählige Konfigurationsmöglichkeiten bekommt, kann der *Charisma*-Kunde zwischen verschiedenen Lieferalternativen wählen, inklusive einer persönlichen Überreichung eines Präsents. Er kann mit allen konvertiblen Währungen dieser Welt zahlen, hat ein Zahlungsziel von bis zu einem Jahr und bekommt die Zustellung innerhalb von 24 Stunden ab Bestellung garantiert, selbst wenn in der Nacht bestellt wurde. Eine persönlich überreichte, erst in sechs Monaten in Dirham bezahlte, handgearbeitete und mit einem Monogramm versehene Paschminakrawatte wäre ein Beispiel.

5.3 Der Prozess der Bekanntmachung bis zur Bindung

Das innerbetriebliche Markenteam plant die Gewinnung der Kunden und ihre Bindung, managt also zunächst den Prozess von der intensiven Bekanntmachung bis zum Präferenzaufbau auf Basis gesicherter Markensubstanz. Die Markenidentität gibt die Richtung für einen effizienten Einsatz der Mittel vor. Dafür

- ist die *Markenbotschaft* festzulegen, evtl. auch als weltweiter Slogan und als Markenzeichen zu entwickeln,
- sind die *Brand Shaper* zu bestimmen: Themen oder konkrete Produkte, welche die Marke in einzigartiger Weise verkörpern,
- sind konkrete *globale* und *interne Kommunikationsmaßnahmen* zu gestalten.

Strategische Markenführung plant meist minutiös, wie Kunden gewonnen werden können, vernachlässigt aber oft den Prozess danach: ob Zufriedenheit entsteht, wie man diese über die Zeit immer wieder sichert und vor allem, wie man abgesprungene Kunden wiedergewinnen kann. Das Markenteam sollte demnach konkrete Aktivitäten zur Bekanntheitssteigerung, zum Präferenzaufbau, zur Zufriedenheitssicherung, Kundenbindung sowie Rückgewinnung verlorener Kunden planen.

Kommen wir noch einmal zurück zur Analogie mit menschlichen Beziehungen: Zufriedenheit ist der erste Schritt zum Wiederholungskauf. Zufriedenheitstreiber sind bei einer Marke das Einhalten des Markenversprechens sowie aus Sicht des Besitzers die höchste relative Attraktivität im Wettbewerbsumfeld. Die Beziehung darf, wie bei der Partnerschaft, nicht langweilig werden. Deswegen sollten Marken versuchen, durch gelungene Überraschungen die Beziehung lebendig und spannend zu gestalten: Neue Varianten und Geschmacksrichtungen, Vorteilspackungen, Gutscheine oder verkaufsfördernde Maßnahmen werden angeboten. Marken sollten sich nicht auf aktueller Zufriedenheit ausruhen. Im Automobilsektor kann die Zufriedenheit mit der jetzigen Marke gerade einmal 40 Prozent der Markentreue erklären. Das heißt mehr, als die Hälfte von Markenuntreue lässt sich nicht mit mangelnder Zufriedenheit erklären! „Lust auf Neues" wird zur echten Bedrohung der Beziehung, weshalb Partner und Markenmanager diese Neu-Gier aktiv inszenieren sollten: Genau wie Madonna sich durch neue Frisuren, Haarfarben, Outfits, Ansichten und neue Gesangsrichtungen immer wieder selbst erfindet, ohne dabei ihre Persönlichkeit zu verbiegen, sollten Marken sich evolutionär neu erfinden und ausreichend Varianten anbieten, um dem Bedarf an Abwechslung möglichst innerhalb einer Marke Genüge zu tun. Im günstigen Fall wird damit eine *Loyalisierung* mit der Marke erreicht. Um eine Trennung zu vermeiden, sollten Sorgfalt, Aufmerksamkeit und Großzügigkeit in Kundenservice und Beschwerdemanagement gelebt werden. Sollte es dennoch zum Abschied kommen, gilt es die Entscheidung zu hinterfragen, hartnäckig zu verhandeln und den Partner kreativ zurückzugewinnen. Während im zwischenmenschlichen Bereich Partner diesbezüglich bis zum Äußersten gehen, um zu verstehen, weshalb der Partner abgesprungen ist, und diesen zurückzugewinnen („Nur die Liebe zählt"), verzagen viele Branchen und nehmen den Kundenverlust als gegeben hin, fragen aus Scham nicht nach den Gründen und sehen den Kunden als ein für allemal verloren. Am Beispiel von Medienunternehmen kann man lernen, dass auch nach Kündigung der Beziehung bzw. des Abonnements nicht aufgegeben werden muss: Hier wird nachgehakt und ein neues Angebot maßgeschneidert, um sich eine zweite Chance zu verdienen. Auch die Hotelkette Holiday Inn, die ausbleibende Buchungen bemerkt und Briefe mit der Botschaft „We miss you" versendet, ist ein Beispiel, wie man es richtig macht. In anderen Branchen tut man sich damit hingegen schwer, obwohl Datenschutzgründe allein keine plausible Erklärung darstellen.

Festlegung von Markenbotschaft und Slogan

Auch die Markenbotschaft leitet sich logisch aus dem Kausalmodell Ihrer Markenidentität ab. Sie ist das Bindeglied zwischen Marke und dem Produkt- bzw. Dienstleistungsangebot. Bei heterogenen Zielgruppen wird diese natürlich konkret auf deren Bedürfnisse fein abgestimmt.

In unserem Fall wird die Faszination am stärksten von der Eigenschaft Originalität beeinflusst und diese ist eine Kernkompetenz von *Charisma*. Von daher bietet sich Originalität als Thema an, das von A bis Z durchdekliniert wird. So werden ideenreiche Produkte aus Ländern, von denen Kunden teilweise noch nie gehört haben, angeboten. Phantasievolle Werbespots werden in ungewöhnlichen Formaten gezeigt, Anzeigen erscheinen in Magazinen, in denen man sie nicht vermutet. In der Zentrale überrascht die Interessenten eine Markenwelt der Erfindungen; pfiffige Events finden mit ausgefallenem Service statt und es gibt einen Kundenclub der Erfinder. Von vielen Möglichkeiten wurde der Slogan: „Besonderes für besondere Menschen" gewählt, der weltweit in Landessprache die Markenbotschaft verkünden soll. Eine zusätzliche Qualität dieser Markenbotschaft ist, dass sie sich auch intern für die Mitarbeiter interpretieren lässt, genau wie die Avis-Botschaft „We try harder". Die Comic-Figur Daniel Düsentrieb, der die kuriosesten Erfindungen vom Schwarzlicht bis hin zur schwebenden Hängematte gemacht hat und dabei immer bescheiden geblieben ist, wird als Markenzeichen nicht mehr beibehalten, da er zwar wunderbar Genialität bzw. Originalität, nicht aber Exklusivität verkörpert.

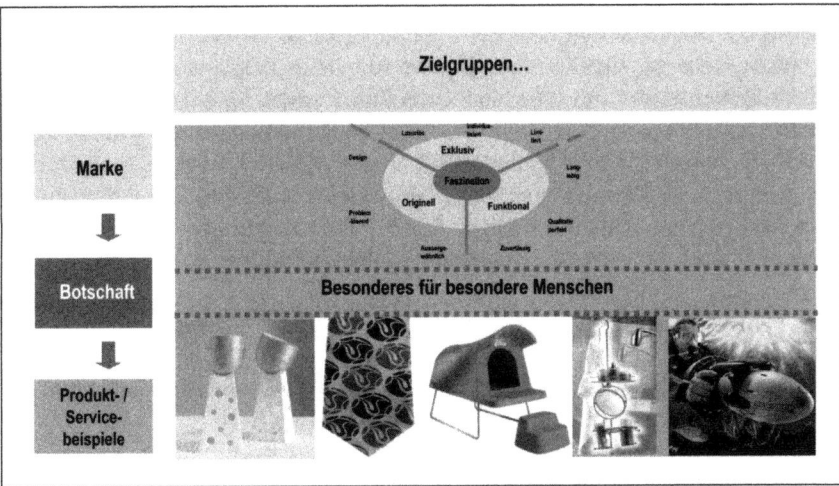

Abbildung 64: Die Markenbotschaft als Bindeglied zwischen Markenidentität und Produkten, Beispiel *Charisma*

Die Verdichtung auf eine Botschaft allein reicht als Priorisierung oft noch nicht aus. Viele Unternehmen haben Hunderte, Tausende Produkte, die sie anbieten. Gerade im B2B-Bereich werden diese oft mit einem „Gießkannenansatz" beworben, obwohl einige Produkte aufgrund ihrer Anziehungskraft mehr Aufmerksamkeit verdienten als andere.

Bestimmung der Brand Shaper

Was sind *Brand Shaper?* Denken Sie einmal an Dubai und an Bilbao: Wahrscheinlich fallen Ihnen sofort die architektonischen Ikonen Burj al Arab in Dubai und das Guggenheim Museum in Bilbao ein. Genauso wie diese Wahrzeichen der Stadt sind, sind für Unternehmen Brand Shaper übergreifende *Themen* oder konkrete Produkte und Dienstleistungen, die das Markenbild in besonders günstiger Weise prägen, die Markenidentität möglichst umfassend verkörpern, und die ganze Marke „positiv aufladen". Die Produkte müssen nicht notwendigerweise in großen Stückzahlen verkauft werden, denn Begehrlichkeit und emotionale Bindung sind ausschlaggebend. So hatte der legendäre und James Bond erprobte Sportwagen BMW Z8 zweifellos hohen Einfluss auf die Markenbildung von BMW, obwohl nur homöopathische Stückzahlen produziert und verkauft wurden. Oft sind die Brand Shaper jedoch volumenstark und traditionell, so wie der Federhalter als „schwarzes, rundes, erotisches Kulturwerkzeug", das auch „Mont Blanc Meisterstück" genannt wird.

Hat ein Unternehmen eine sehr breite Produktpalette, bieten sich statt einzelner Produkte vielmehr *Themen* an, die über die Jahre möglichst stabil gehalten, jedoch immer wieder mit Innovationen gefüllt werden. So z. B. eine bestimmte Technologie, die dann ganz konkrete, wechselnde Produktneuheiten als Elemente enthält. Beispiel hierfür ist der Brand Shaper „Quattro" von Audi, unter dem seit nunmehr 25 Jahren immer neue Innovationen rund um den Allradantrieb entwickelt wurden. Oder der Gillette Mach 3 Rasierer für den Mann und Venus Divine für die Frau beim für Gillette klassischen Brand Shaper Rasierer.

Zur Identifikation von Brand Shapern dienen folgende Kriterien bzw. Bedingungen:

- transportiert mindestens zwei der drei Markenwerte einer Markenidentität,
- multinational gültig, möglichst weltweit,
- umfassende Bedeutung für möglichst viele Zielgruppen,
- einzigartig und von der Konkurrenz nicht leicht kopierbar,
- Pionieraspekt – wo die Firma den Markt „macht",
- anschlussfähig zu nachgelagerten Produkten,
- bietet einen konkreten Kundennutzen.

Es sollten nicht mehr als drei bis fünf Brand Shaper pro Jahr ausgewählt werden – eine kontinuierliche Nutzung über die Jahre oder die Auswahl von stabilen Themen ist hilfreich. Die Brand Shaper verkörpern die Markenidentität bestmöglich und sind deshalb perfekte Vehikel für die Markenstärkung. Ebenso ermöglichen sie idealerweise einen Imagetransfer auf andere Produkte und Dienstleistungen zum Cross-Selling sowie auf produktfernere Zielgruppen. Die Faustregel lautet also: Selbst gewählte Einschränkung – besser wenige Produkte konsequent ins Rampenlicht stellen als sich in Komplexität verlieren.

Brand Shaper werden intern von *Flaggschiffen* abgegrenzt. Flaggschiffe werden aus interner Sicht so genannt, weil sie das Beste sind, was das Unternehmen zu bieten hat. Weil ein klarer Kundenbedarf für sie besteht und sie in großen Stückzahlen verkauft werden. Der große Unterschied zu Brand Shapern ist, dass sie nicht die gesamte Marke verkörpern müssen, sondern eine einzelne Facette reicht. Theoretisch kann es aber Produkte/Themen geben, die sowohl Brand Shaper als auch Flaggschiff sind.

Der Prozess der Bekanntmachung bis zur Bindung

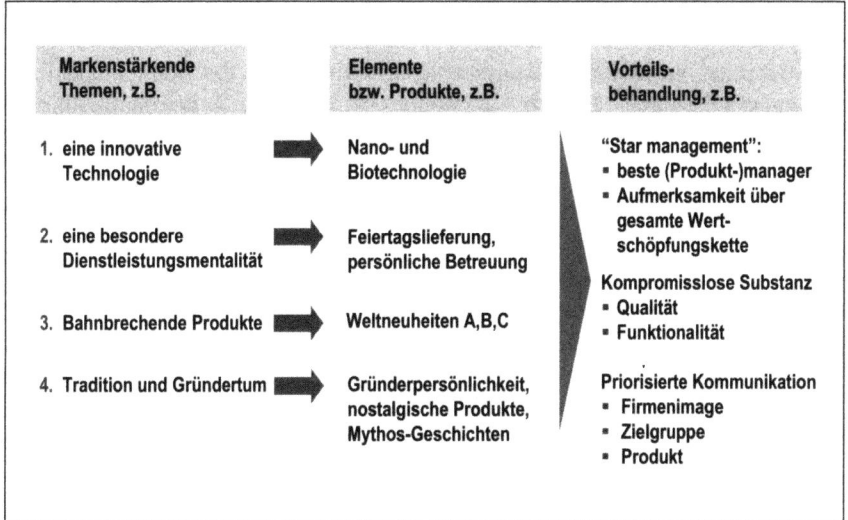

Abbildung 65: Brand Shaper Themen und ihre Behandlung

Brand Shaper verdienen unternehmensintern besondere Aufmerksamkeit. Im Falle von Produkten sollte sowohl die Zentrale entlang der gesamten Wertschöpfungskette als auch die Länderorganisation ihnen besondere Aufmerksamkeit zollen:

- Während des Produktentwicklungsprozesses bekommen sie das beste Entwicklungsteam mit den besten Projektleitern zur Seite gestellt.
- Detaillierte Marktforschung unterstützt ihren gesamten Lebenszyklus, um ihren Markterfolg zu sichern.
- Sie verwenden hervorragende Rohmaterialien und bezaubern mit ansprechendem Design.
- Prioritäten bestehen bei Lieferung und Verfügbarkeit, beim Training der Vertriebsmannschaft und beim Kommunikationsbudget.
- Ihnen steht ein überproportional hoher Anteil des Gesamtbudgets zur Verfügung.
- Brand Shaper werden aufs Engste mit den Botschaften verbunden und entsprechend der Markenidentität konsistent kommuniziert.
- Das Top Management wirft ein besonderes Augenmerk auf sie – es verfolgt schon deren Entwicklung und später wird auch die Vermarktung äußerst eng verfolgt.

Globale Kommunikation

Charisma hat ein eklatantes Kommunikationsdefizit, wie das Markenmodell im 4. Kapitel offenbarte. Die Zentrale definiert die *generelle Stoßrichtung*, ob eher leise oder laut kommuniziert werden soll. Ob man eher in einem „David gegen Goliath"-Ansatz smart investiert oder in der Kommunikation klotzt. Ob man eher verbal oder nonverbal überzeugen möchte. Und ob man souverän auftritt und für die eigene Marke spricht oder aggressiv den Vergleich zur Konkurrenz sucht.

Faszination bedeutet für *Charisma*, dass die Kommunikation sowohl in der Botschaft als auch bezüglich des Mediums unvergleichlich sein soll, souverän ist (weil exklusiv) – und wegen der rückläufigen Kommunikationseffizienz insbesondere auf die nonverbale Kommunikation setzt. Die meisten Menschen sind visuell und erinnern Bilder besser als geschriebene oder gesprochene Worte. Gleichzeitig werden für die Ländergesellschaften Kriterien für die Auswahl der Kommunikationsmaßnahmen festgelegt (siehe Kapitel 5.4). Diese suchen die Medien (z. B. Radiospots und Billboards) nach Reichweite, Zielgruppenansprache und anderen Kriterien aus und integrieren die Kommunikation thematisch über Medien, Kanäle und Zeitablauf.

Das interne Markenteam setzt globale oder zumindest multinational anwendbare Maßnahmen zur Stärkung der Marke um: Diese bestehen in *Charismas* Fall vorwiegend aus nonverbaler Kommunikation, wie Druckmedien, und überlassen die Gestaltung der verbalen Aktivitäten – außerhalb der Festlegung der Markenbotschaft sowie des Slogans – den Ländern. Das Corporate Design wird kompatibel zum Produktdesign aktualisiert und zwar so, dass die Markenwerte entlang der Markenidentität für den Kunden erlebbar werden – und letztendlich schon beim Anblick faszinieren. Das Corporate Design umfasst Kommunikationsmaterialien, den Internetauftritt, die POS-Gestaltung, die Verpackung und die Markenerfahrung an anderen Berührungspunkten. Die Faszination der Marke wird in einer eigens kreierten Markenwelt in der Unternehmenszentrale erlebbar gemacht.

Interne Kommunikation

Die interne Kommunikation funktioniert nach dem gleichen Muster wie die Kundenkommunikation: die Marke muss zuerst den Mitarbeitern bekannt und vertraut sein. Nur so können die Mitarbeiter markenkonform handeln, d. h., die Marke nach außen verkörpern und in ihre zu verantwortenden professionellen Entscheidungen einfließen lassen. Die interne Kommunikation hat in dem Moment begonnen, in dem Sie sich um die Etablierung der Markenführung bemüht

Der Prozess der Bekanntmachung bis zur Bindung 131

haben, die Kollegen zu Marke und Markenführung im Rahmen des Beliefs Audits befragt haben.

Grundsätzlich gibt es nach einer Ankündigung, dass es Markenführung überhaupt gibt, falls es die Abteilung vorher nicht gab, drei Phasen:

1. Aufmerksamkeit schaffen, Mitarbeiter sensibilisieren und involvieren (circa ein halbes Jahr),
2. Markeninhalte vermitteln (sobald die Markenidentität feststeht),
3. die Marke leben und vorleben (über Jahre).

Am *Anfang* stellen Sie mit Ihrem Team vor, was Markenführung eigentlich ist, warum sie wichtig ist und welche Ziele damit verfolgt werden. Mit Hilfe der unternehmensbezogenen Geschichte, die schon beim internen Pitch für Markenführung geholfen hat, werden die vielfältigen Möglichkeiten illustriert, bei denen Anspruchsgruppen mit dem Unternehmen in Kontakt kommen. Ein erster Schritt ist, die Geschichte in jeder für die Markenführung wesentlichen Abteilung zu besprechen, sie auf diese anzupassen und für alle sichtbar und erlebbar zu machen. Bei der Kommunikation verwendet man hausinterne Medien, wobei in Kauf genommen werden muss bzw. sogar erwünscht ist, dass manche Empfänger die Botschaft mehrfach hören. Markenführung kann z. B. Thema im Medium für die Führungskräfte, der Mitarbeiterzeitschrift, bei einem interaktiven Markenevent oder bei Feierlichkeiten des Unternehmens sein.

In einer *zweiten* Welle werden die eigentlichen Markeninhalte vermittelt, in internen Ausstellungen für die Mitarbeiter (an-)fassbar, für die Implementierung greifbar gemacht und in einer Markenfibel breit verteilt. Für jede Zielgruppe innerhalb des Unternehmens, für jede Anwendung und für jede Situation darf Markenführung kein abstrakter Begriff bleiben. Sie muss ihren Niederschlag in umsetzbaren und verständlichen Handlungsanweisungen finden, die in ihrer Summe das konsistente und nachhaltige Markenbild prägen. Zeigen Sie die Markenidentität, die verfolgte Strategie sowie die Manifestierung der Strategie in konkreten Markenaktivitäten. Erklären Sie, weshalb *diese* Markenidentität und keine andere gewählt wurde und wie diese mit der Unternehmensstrategie und dem Leitbild zusammenhängt. Greifen Sie einzelne Bausteine heraus und erläutern die verfolgte Strategie: Wenn Sie also z. B. Design im Rahmen der Strategie zur Kernkompetenz gemacht haben, stellen Sie Ihre neue Designlinie vor, von der Designsprache der neuen Produkte über die neuen Verpackungen bis hin zu den Kommunikationsmaterialien und dem Auftritt am Point of Sale. Zu diesem Zeitpunkt sollten Sie zielgruppenspezifische Trainingsunterlagen anfertigen, damit vom Außendienst bis zum Lagerarbeiter jeder seine Markenrolle kennt und wahrnimmt.

Phase 1	Aufmerksamkeit schaffen, MitarbeiterInnen involvieren	• Mitarbeiterzeitschrift und Führungskräfteinformation • Vorstands- und Geschäftsführerunterlagen • Präsentationen und Markengeschichte in Workshops vermitteln • Erstes Markenevent • Trainingsmaterial Basisversion
Phase 2	Markeninhalte vermitteln	• Zweites Markenevent (Markenidentität und -strategie) • Markenparcours für das Management • Segmentierte Trainingsmaterialien • Markenfibel für alle MitarbeiterInnen • Beiträge an Willkommensveranstaltung und Feierlichkeiten
Phase 3	Die Marke leben und vorleben	• Markenakademie für Führungskräfte und Vorträge des Top Management • Ausschreibung eines jährlichen Markenpreises • Regelmäßige Artikel zu Markenthemen in der Mitarbeiterzeitschrift, Events in den Ländergesellschaften • Kommunikation der Ergebnisse der internen Mitarbeiterbefragung zum Thema Marke

Abbildung 66: Drei Phasen der internen Markenkommunikation

Die *dritte* Phase ist auf viele Jahre ausgelegt, so lange, bis Sie eine gravierende Strategieänderung vornehmen. In ihr wird die Marke gelebt. In unserem Beispiel könnte *Charisma* z. B. in der Firmenzeitschrift eine Artikelserie zum Thema Originalität einführen und durchspielen: Originalität im Produktionsverfahren, im Vertrieb, auf der Suche nach neuen Produktideen. Diese Themen würden mit konzerninternen Wettbewerben gefördert und z. B. das originellste Hobby eines Mitarbeiters gekürt, die privaten Patente der Mitarbeiter vorgestellt oder originelle Rezepte in der Kantine angeboten. Grundsätzlich ist dies Konzept auf jeden anderen Markenwert übertragbar. Ist bei einem Unternehmen *Leistung* ein Markenwert, so könnte gezeigt werden, welche Mitarbeiter an der Olympiade teilgenommen haben, von sportlichen Mannschaftswettbewerben berichtet werden, an denen die Mitarbeiter teilnehmen, z. B. am Triathlon in Roth oder anderen Staffelwettbewerben. Die Markenwerte sollen umfassend und kontinuierlich im Bewusstsein der Mitarbeiter verankert werden. Wenn Faszination der Markenkern ist, sollen auch Mitarbeiter fasziniert werden!

Sämtliche internen Kommunikationsunterlagen können den Ländergesellschaften zur Verfügung gestellt werden, um vor Ort auf das jeweilige Land zugeschnittene Veranstaltungen durchführen zu können. Die folgende Abbildung fasst noch einmal alle nötigen Schritte zur Ableitung einer globalen Markenstrategie zusammen und stellt die Verzahnung mit den lokalen Schritten vor.

Lokale Strategien und Budgetableitung in den Märkten

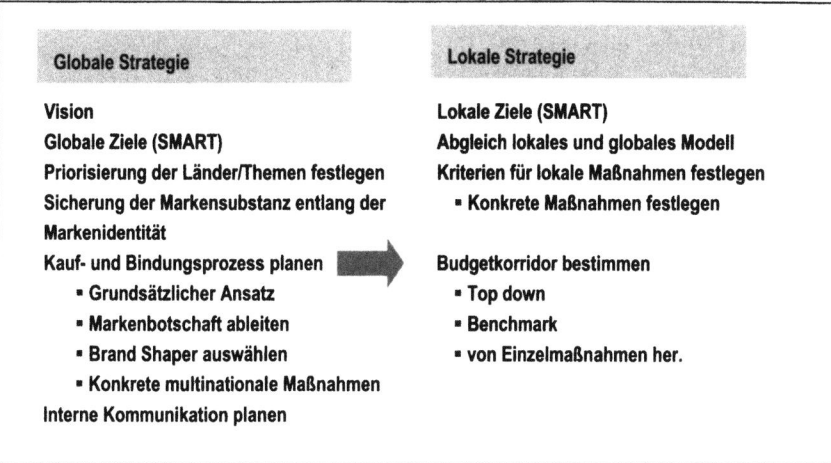

Abbildung 67: Schritte zur globalen und lokalen Strategiefindung

5.4 Lokale Strategien und Budgetableitung in den Märkten

Zur lokalen Strategie gehört die Festlegung der Markenziele für das Land und die Ausarbeitung der thematischen Zielrichtung. Dies geschieht durch Abgleich des lokalen Treibermodells – das analog dem globalen erstellt wird – mit dem globalen und die Ableitung konkreter Maßnahmen sowie die Schätzung des nötigen Budgets. Im Japan ist die Marke *Charisma* zwar bekannt, aber wenig begehrt: Ziele sind eine Steigerung der Präferenz auf 18 Prozent, die in eine Markenstärke von 1.1 und einen Marktanteil von 12 Prozent im Jahre 2010 münden soll.

Abgleich zwischen dem lokalen und dem globalen Modell

Ansatzpunkte zur thematischen Priorisierung der lokalen Strategie wurden bereits in der Ländergruppierung im vierten Kapitel gezeigt. Offenbar spielt in Japan die Exklusivität für die Faszination und innerhalb der Exklusivität die Individualisierung eine noch größere Rolle als im Gesamtmarkt. Dies sieht man in der folgenden Abbildung im Vergleich der Pfadkoeffizienten, die ja die Korrelation darstellen, zwischen Exklusivität und Faszination (0.50 Exklusivität für

Japan statt 0.35 für die gesamte Welt) und anhand der hohen Ladung von *individualisiert* (0.80 für Japan statt 0.67 für die Welt). Dass Exklusivität von *Charisma* bisher in Japan nicht relevant gemacht wurde, erklärt unter anderem die schwache Position im Land!

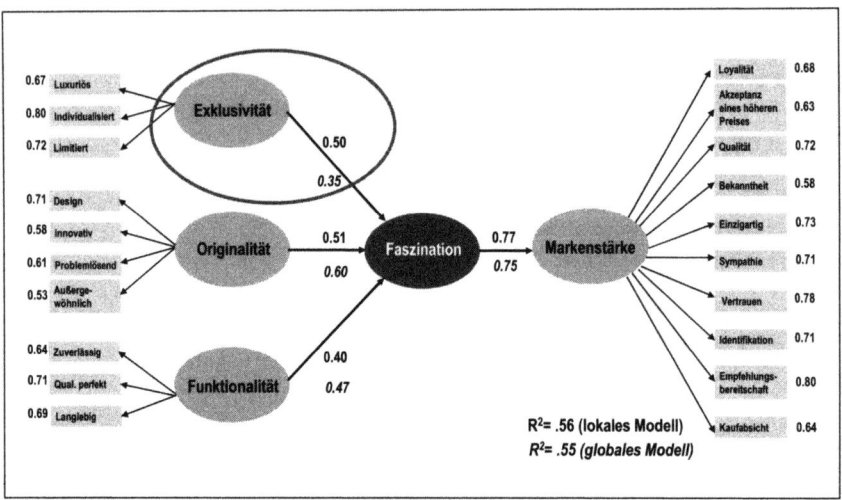

Abbildung 68: Vergleich des lokalen Pfadmodells mit dem globalen, Beispiel *Charisma*

Die Aufnahme von Individualisierungsideen wie die individuelle Farbwahl bei technischen Produkten, Gravurmöglichkeiten, nach Wunsch gefertigte Stickereien und Verpackungen in Lieblingsfarbe sowie die Bereitstellung eines 24h-Zustellservice sind Elemente der Stärkung dieser beiden Äste Exklusivität und Individualisierung. Die Grundstrategie dieses Landes weicht damit etwas von der global gültigen Strategie ab – bei der Exklusivität einen besonders hohen Stellenwert hat und daher priorisiert wird.

Auch sieht man, dass anders als in den meisten Ländern die Funktionalität für *Charisma* nicht ganz so wichtig ist, um zu faszinieren, obwohl der Hersteller dort stark wahrgenommen wird. Die Wahrnehmung von Exklusivität hat hingegen Nachholbedarf.

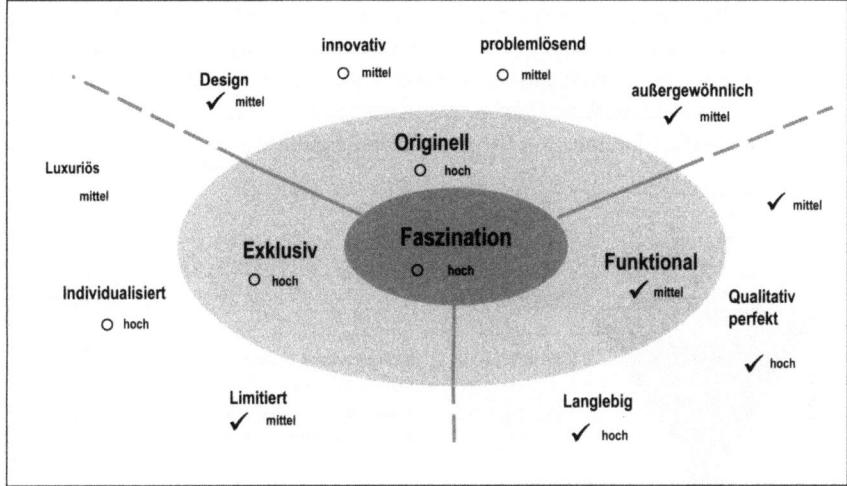

Abbildung 69: Leistung entlang *Charismas* Markenidentität für Japan

Konkrete Kommunikationsmaßnahmen

Nun werden konkrete Maßnahmen für die *Steigerung der guten Bekanntheit* ausgesucht. Die Umsetzung der Positionierung in gelungene Kommunikation ist ein zentraler Engpass. Damit zwischen Konzept und Umsetzung keine Lücke klafft, bieten sich Werbe-Pre-Tests durch die Marktforschung an, in denen die erhoffte Wirkung durch die Konsumenten überprüft wird.

Zur Auswahl konkreter Maßnahmen werden Kriterien aufgestellt und gewichtet, die einzelnen ausgedachten Ideen entlang der Kriterien bewertet und somit die aus Unternehmenssicht besten Maßnahmen ausgewählt. In unserem *Charisma*-Beispiel sind vier Kriterien gleich gewichtet: Einzigartigkeit, Wirkung und Kosteneffizienz sowie die Widerspiegelung der Markenidentität, d. h. Faszinationspotenzial.

Grundsätzlich bietet sich hier natürlich die klassische Werbung an. Viele bekannte Marken haben jedoch ganz auf Werbung verzichtet und sind dennoch groß und erfolgreich geworden, z. B. Body Shop, die amerikanische Kaffeehauskette Starbucks oder die Internetsuchmaschine Google. Für *Charisma* wurden folgende Maßnahmen ausgewählt:

- Klassische Werbung mit innovativen Inhalten und Formaten in neuen Titeln,
- Public Relations: Faszinierende Fortsetzungsgeschichte in verschiedenen überregionalen Tageszeitungen, wie die originellsten Produkte weltweit aufgestöbert werden und was einem Unerwartetes dabei passieren kann,
- Events: Heißluftballons mit Flyerabwurf bei exklusiven VIP-Events.

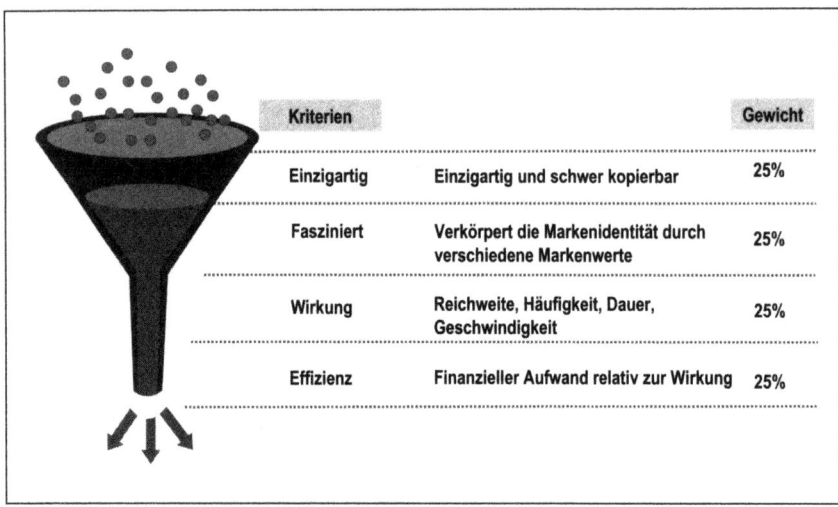

Abbildung 70: Auswahlkriterien für konkrete Kommunikationsmaßnahmen

Maßnahmen zur *Präferenzsteigerung* legen weniger Wert darauf, viele Leute zu erreichen, als die Markenidentität glaubwürdig zu vermitteln und einen Probier- oder Kaufwunsch auszulösen. Überlegene Produkte sollten kostenlos ausprobiert werden dürfen, wenn sie großes Überzeugungspotenzial haben, wie z. B. Valensina einst jeden deutschen Haushalt mit einem kleinen Orangensaft versorgte, kostenreduzierte Probeabonnements von Lokalzeitschriften angeboten werden oder die Firma Mindjet den potenziellen Kunden die Software Mind-Manager drei Wochen kostenlos ausprobieren lässt. Im konkreten Beispiel wurden:

- VIP-Events mit limitiertem Zugang, originellen Themen und Buffets mit ungewöhnlichen Speisen, angeboten,
- mystische Geschichten der internationalen Handwerkskunst mit Angeboten von Unikaten aus dieser Produktsparte als Direktmailing an die Zielgruppe versandt,
- eine Online-Hitparade der originellsten Produkte durch eine Kundenjury gewählt,

- Ideenwettbewerbe für Lieferanten und Kunden durchgeführt. Gekürt wird, wer das faszinierendste Produkt von einer Reise mitbringt,
- Flaggschiffläden „Welt der Faszination" in europäischen Hauptstädten eröffnet.

Von Kunden weitererzählte Geschichten spielen eine besondere Rolle, denn erstens verbinden diese Geschichten Gefühl mit Verstand und zweitens werden damit die Kunden in die Markenkommunikation direkt mit einbezogen, was nicht nur kostenlos ist, sondern auch authentischer wirkt.

Budgetableitung

Wie viel Werbung bzw. Kommunikationsaufwand zur effektiven Erreichung der Ziele notwendig ist, ist sicherlich eine der meistgestellten Fragen an die Marken- und Kommunikationsabteilungen. Gängige Praxis ist, das Budget des Folgejahres am Budget des aktuellen Jahres auszurichten und am Ende des Jahres noch möglichst viel auszugeben, damit das Budget des nächsten Jahres nicht gekürzt wird. Manchmal gibt es kreative Kommunikationsideen, deren Einsatz man über den erwarteten Nutzen argumentiert. Oder man sagt „wir können aber dieses Jahr nur so viel ausgeben", selbst wenn das eingesetzte Budget unter der kritischen Grenze liegt. Teilweise wird aber auch zu viel investiert, weil die Bekanntheit gar nicht relevant ist – wie z. B. bei der „Mix it Baby"-Kampagne von E.On, die über 22 Millionen Euro gekostet hat und lediglich 1.100 neue Kunden brachte.

Auf der anderen Seite gibt es Berater, die Ursache und Wirkung von einzelnen Anzeigenmotiven zu kennen scheinen und ausrechnen möchten, wie groß die Rendite pro Anzeige ist. Groß ist hierbei die Gefahr, mit einer Vielzahl von Formeln und Zahlenkunststücken Genauigkeitsillusionen zu erzeugen, denn der Nachweis einer Kausalbeziehung ist auf dieser Mikroebene nahezu unmöglich.

Ein einfacher, heuristischer Ansatz zur Einengung eines geeigneten Ausgabekorridors erscheint hilfreich. Der Korridor wird auf drei Arten abgeleitet:

- Top-down von den eigenen *Markenzielen* her. Wird Präferenz oder Marktanteil verdoppelt, muss der Aufwand auch mindestens verdoppelt werden, da es einen abnehmenden Grenznutzen der Kommunikation gibt.
- Ableitung von möglichst vielen und erfolgreichen *Benchmarks* der eigenen Branche und Vorbildern außerhalb.
- Schätzung durch Summieren der *Bottom-up geplanten Einzelmaßnahmen*, die das Team aufgrund der Markenziele und wenn vorhanden nach Werbekennziffern wie Reichweite etc. für ausreichend hält.

Die drei Ansätze überlappen sich in der Regel und ergeben dort, wo sie sich überlappen, einen Zielkorridor, der über die Jahre dynamisch angepasst werden muss.

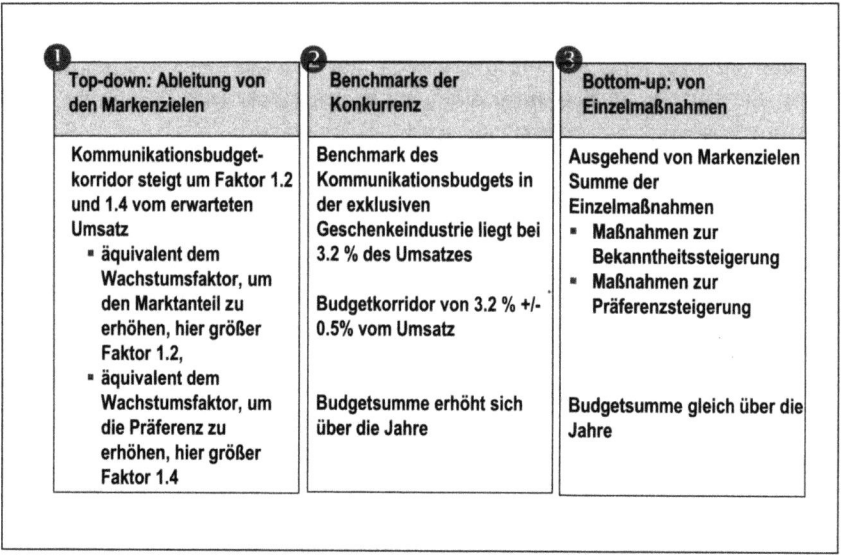

Abbildung 71: Drei pragmatische Ansätze zur Ableitung des Budgets für *Charisma* in Japan

Um bei einer Strategieänderung bzw. Repositionierung tatsächlich große Wirkung zu erzielen, ist es ratsam, mit einer gewissen Werbewucht loszulegen, bevor die Konkurrenz reagieren kann. Wenig empfehlenswert ist, am Anfang zu kleckern und erst langsam die Investitionssumme aufzubauen, so dass die Konkurrenz dies bemerkt, die Zielgruppe eventuell aber nicht. Unerlässlich ist hierbei, dass die Angebotsinfrastruktur auf einen möglichen Ansturm vorbereitet ist. Nichts wäre ärgerlicher als eine Nachfrageexplosion, die nicht befriedigt werden kann.

Die verfolgte Markenstrategie sollte nun organisatorisch verankert werden, zum einen im Markenteam selbst, zum anderen in weiteren Einheiten der Organisation, die bei der Implementierung dieser Strategie helfen.

Quintessenz

▷ Markenvisionen sollen kühn sein, um bewegen und motivieren zu können.
▷ Die Markenstrategie umfasst die langfristig ausgelegte, klare und fokussierte Führung der Marke. Zu ihr gehören Ziele, eine relevante und mit Substanz erfüllte Positionierung sowie ein Bündel an konkreten Maßnahmen.
▷ Im holistischen Markenführungsansatz leiten sich gut formulierte Markenziele direkt aus den Unternehmenszielen ab und sind spezifisch, messbar, attraktiv, realistisch und zeitlich terminiert.
▷ Es sollte priorisiert werden, ob strategisch Stärken gestärkt oder Schwächen abgebaut werden sollen. Der alleinige Abbau von Schwächen trägt die Gefahr der Vernachlässigung von Kernkompetenzen in sich sowie der Angleichung an andere Marken. Reine Defizitausgleichstrategien sind daher nicht zu empfehlen. Ländermärkte und Schwerpunktthemen innerhalb der Markenidentität müssen ebenfalls priorisiert werden.
▷ Substanzsicherung der Marke entlang der Markenidentität ist oberstes Gebot. Ohne Substanz wird offensive Kommunikation zur Gefahr nachhaltiger Kundenenttäuschung.
▷ Selbst wenn der Markt schrumpft und die Konkurrenz wächst, sollen Markenwurzeln bzw. traditionell mit der Marke assoziierte Produktgruppen genährt werden. Ein hervorragendes Image kann lange bestehen bleiben, auch wenn objektive Kriterien dies nicht mehr unterstützen.
▷ Eine gute Innovation ist eine, die dem Kunden einen spürbaren Nutzen bringt und nicht die, die technisch anspruchsvoll sein muss – vgl. deutsches „Over-Engineering".
▷ Die Designphilosophie hängt von der Dauer des Produktlebenszyklus ab: schnelle Zyklen begünstigen ein gefälliges Design, lange Zyklen hingegen eher ein gewöhnungsbedürftiges Design mit „Gaußkurven-Effekt".
▷ Bei der Kommunikation gilt: So viel Differenzierung (Lokalisierung) wie nötig, so viel Standardisierung (Globalisierung) wie möglich.
▷ Kommunikationsmaßnahmen lassen sich danach unterscheiden, ob sie Bekanntheit aufbauen, Präferenz erzielen oder diese ausschöpfen wollen. Für Bekanntheit zählt Budget, für Präferenz überzeugender Inhalt, für Ausschöpfung Präsenz.
▷ Interne Markenkommunikation funktioniert nach dem gleichen Muster wie Kundenkommunikation: zuerst Bekanntmachen, dann Präferenzaufbau, dann das Handeln nach den Maximen der Markenidentität.
▷ Kommunikationsbudgets werden besser nicht auf Basis des letzten Jahres, sondern „Top-down" von Zielen, von vorbildlichen Wettbewerbern bzw. „Bottom-up" von als notwendig erachteten Einzelmaßnahmen abgeleitet.

6. Markenorganisation: Strukturen, Prozesse und Verbündete

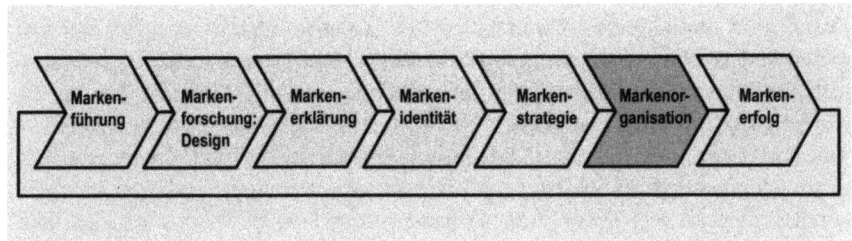

Am Ende dieses Kapitels wissen Sie ...

▷ welche Strukturen hierarchisch, aufbauorganisatorisch und ablauforganisatorisch gute Markenführung fördern
▷ welche Helfer und Gremien außerhalb des Markenteams den Markengedanken im Unternehmen verankern und Widerstände abbauen helfen
▷ wie sich obiges in einer konkreten Markenorganisation und Prozessintegration markenrelevanter Aspekte niederschlägt.

„Structure follows strategy."
Alfred Chandler 1962

Damit eine Markenkultur heranwächst und gedeiht, braucht es nicht nur eine zielgerichtete und ständig umgesetzte Strategie. Man braucht auch organisatorische Strukturen, die Markenbewusstsein fördern, sowie Persönlichkeiten, die die Marke verkörpern und vorleben. Es braucht Prozesse, die den Markengedanken von der ersten Idee bis zum Kundenservice unterstützen und vorantreiben. In einer solchen Organisation ist das Markenmanagement keine isolierte Disziplin, sondern wird als interdisziplinäre Aufgabe gelebt. Was zeichnet solch eine markenbewusste Organisation aus?

Die Antwort ist ebenso einfach in der Formulierung wie komplex in der Umsetzung, geht es doch um eine Unternehmenskultur, die mit der Unternehmensstrategie und der Markenidentität im Einklang steht. Im Einzelnen bedeutet dies, dass

- Markenwerte von „oben" vorgelebt werden, man sie aber auch „unten" erfährt, ob im Personalrestaurant oder beim Portier,
- die Mitarbeiter wissen, wofür die Marke steht und welchen Beitrag sie tagtäglich zu ihrer Stärkung leisten können,
- Grenzen des Handlungsspielraums bei den Mitarbeitern nicht nur bekannt sind, sondern auch akzeptiert werden,
- der Markenzustand jährlich oder häufiger überprüft wird und, wenn nötig, geeignete Maßnahmen zur Stärkung eingeleitet werden,
- Aktivitäten, die der Marke schaden, unterbleiben und markenfördernde Projekte etwas kosten dürfen,
- alle Berührungspunkte der Marke gemanagt werden.

Verantwortliche Personen müssen diesen Prozess steuern. Die Markenmanagement-Organisation ist hierbei die treibende Einheit im Unternehmen.

6.1 Die Markenmanagementorganisation

Hier sind folgende Fragen zu beantworten:

- Wo ist die Organisationseinheit innerhalb der Gesamtorganisation aufgehängt?
- Welche Funktionen werden in ihr abgebildet?
- Welche Aufgaben werden zentral und welche dezentral abgebildet und welche Länder werden für die Betreuung aus der Zentrale heraus gruppiert?

Aufhängung innerhalb der Organisation

Es gibt eine enorme Bandbreite an hierarchischen Einbettungen der Marke: beispielsweise gibt es in manchen Firmen Markenvorstände, Beispiele dafür sind die Automobilhersteller Nissan oder VW oder das Konsumgüterunternehmen Beiersdorf. Dort ist die Marke an der hierarchisch höchsten Ebene angesiedelt.

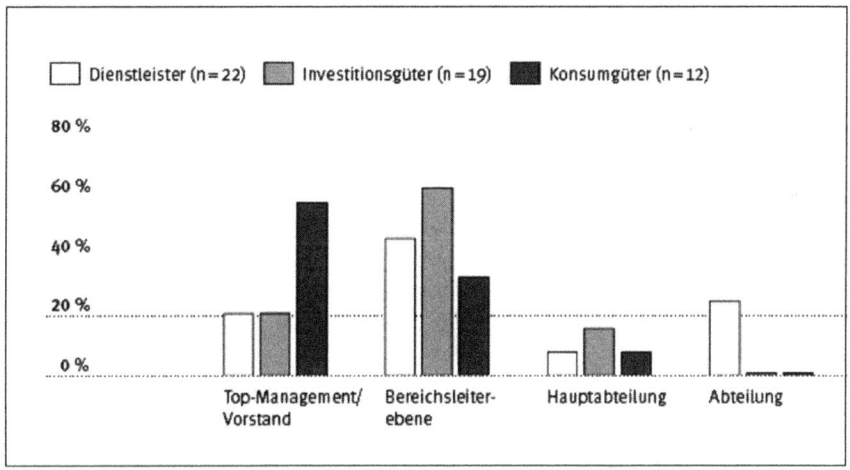

Abbildung 72: Hierarchische Anbindung des Markenmanagements
(Quelle: MetaDesign und Universität St. Gallen)

Einer Studie von MetaDesign und der Universität St. Gallen[10] zufolge hängt die hierarchische Aufhängung stark von der Branche ab: Während bei Konsumgütern in 50 Prozent der Fällen ein Vorstand Hüter der Marke ist, sind es in der Dienstleistungs- und Investitionsgüterindustrie gerade einmal 20 Prozent. Meistens ist das Markenmanagement auf der zweiten Führungsebene integriert. Bei Dienstleistungsunternehmen erreichen circa 25 Prozent der Markenorganisationen nicht einmal die dritte Ebene.

Thematische Einbettung der Funktion

Im Zusammenhang mit der Frage der hierarchischen Aufhängung interessiert auch die *thematische* Einbettung der Markenorganisation. Bei vielen Unternehmen ist die Markenführung auf der zweiten Ebene unter dem Marketing- und Vertriebsvorstand angesiedelt, bei manchen Unternehmen unter der Kommunikationsabteilung. Ein globaler Rohstoffhersteller hat sein Markenmanagement unter dem Kommunikationsleiter und ist mit diesem Modell sehr profitabel, während beim insolventen Automobilzulieferer Sachsenring die Marke vorbildlich bei Inhabern und Strategievorständen angesiedelt war. Gibt es angesichts der verschiedenen Modelle eine Logik, die mit dem Erfolg korreliert?

Die thematische Einbettung der Markenorganisation hängt vom aktuellen Markenverständnis des Unternehmens ab. Wenn Markenführung eng definiert wird und sich auf Werbung bzw. Kommunikationsmaßnahmen beschränkt, ist eine organisatorische Unterstellung unter die Kommunikation üblich. Je umfassender die Markenführungsdefinition ist – und in Zukunft werden wird – und je höher die Relevanz der Marke in Ihrer Branche bzw. das Relevanz*potenzial*, desto höher ist auch die Marke in der Organisation zu verankern. Einer der wichtigsten Werthebel des Unternehmens verdient es, ein Vorstandsressort zu bilden oder zumindest auf erweiterter Konzernleitungsebene, d. h. auf zweiter Ebene angebunden zu sein.

Aufbauorganisation als Prozessorganisation

Nun kommen wir zur Ausgestaltung der Markenorganisation selbst: Idealtypisch ist die Organisation als Prozessorganisation angelegt, genau wie die Markenführungsphilosophie. Die Markenorganisation umfasst die Marktforschung und die Markenstrategie – und bildet die nötigen Erfolgsfaktoren von der Kommunikation bis zur Markenerfolgskontrolle im Sinne eines Prozesses ab.

---

10 MetaDesign und Universität St. Gallen (Hrsg.), Studie Corporate Brand Management, 2003/2004

Die Markenmanagementorganisation 145

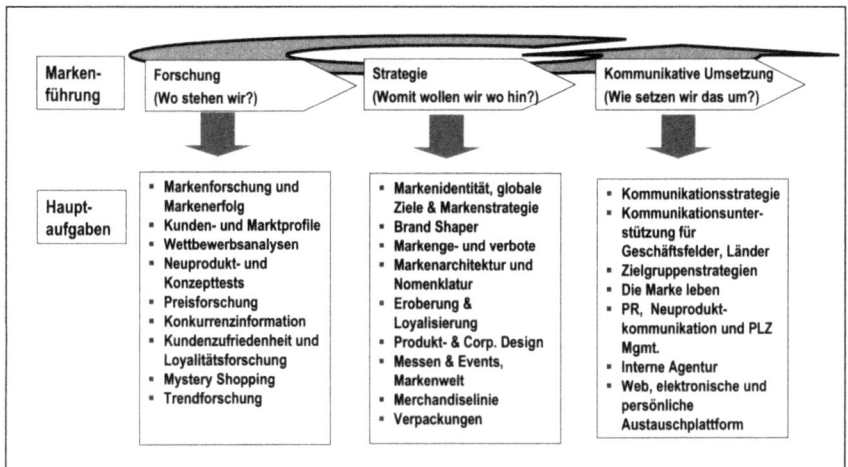

Abbildung 73: Anpassung der zentralen Markenorganisation

Organisationseinheit Marktforschung

Die Marktforschung erforscht die Gegenwart bis zur Zukunft und deckt das ganze Spektrum der Marke ab – von der Trendforschung bis zu der Loyalitätserfassung für die Marke, über Produktgruppen und -linien bis zum einzelnen Produkt. Bei der Trendforschung geht es primär *nicht* um operative kurzfristige Details wie z. B., welche Farben im nächsten Jahr beliebt sein werden. Vielmehr geht es um langfristige Zukunftsszenarien. In welchen Zeiträumen ein solches Szenario in die Zukunft schaut, hängt davon ab, wie lang Ihre Produktlebenszyklen sind und wie lang Ihre Produkte benutzt werden. Wenn ein Automobil fünf bis sieben Jahre entwickelt wird und dann noch einmal fünf bis sieben Jahre auf der Straße fährt, müssen die Automobilhersteller schon heute wissen, was in circa 15 Jahren aktuell sein wird. Von diesem Szenario aus „retropolieren" sie, statt von heute aus zu extrapolieren. So stellte die BMW Group bereits 1999 Szenarien für das Jahr 2015 auf und entwickelte einen strategischen Radar, um schwache Signale und frühe Anzeichen von wesentlichen Geschäftsmöglichkeiten und -bedrohungen zu erfassen. Schon damals wurden zukünftige Konsumentenbedürfnisse antizipiert, um ihre Bedeutung für die BMW Group abzuschätzen und neue Konzepte für die Jahre 2010 bis 2015 anbieten zu können. In solch ein Zukunftsradar gehen makroökonomischen Faktoren wie die Informationstechnologie, Umweltgesetzgebung, politische Verhältnisse, generelle ökonomische Daten und Konsumententhemen wie verändertes Einkaufs- und Arbeitsverhalten, demographische Veränderungen und veränderte Marketingspielregeln ein.

Neben der „weit entfernten" Zukunft werden auch Studien für die nähere Zukunft durchgeführt: z. B. Konzepttests neuer Produkte, Produkt- und Design Clinics, Preisforschung mithilfe von Conjoint-Analysen, die den absatz- und ergebnisoptimalen Preispunkt bestimmt, oder Pre-Tests für geplante Kommunikationsaktivitäten. Sind Produkte erst einmal in den Markt gebracht, bieten sich ständige Wettbewerbsbeobachtung und Erstkundenstudien an, um Kinderkrankheiten möglichst früh zu entdecken. Im weiteren Verlauf werden Kundenzufriedenheitsstudien – möglichst gepaart mit Loyalitätsforschung – bezüglich Produkt- und Serviceleistung, Mystery Shopping zur Überprüfung der Vertriebskanäle sowie Post-Tests nach erfolgter Werbung durchgeführt.

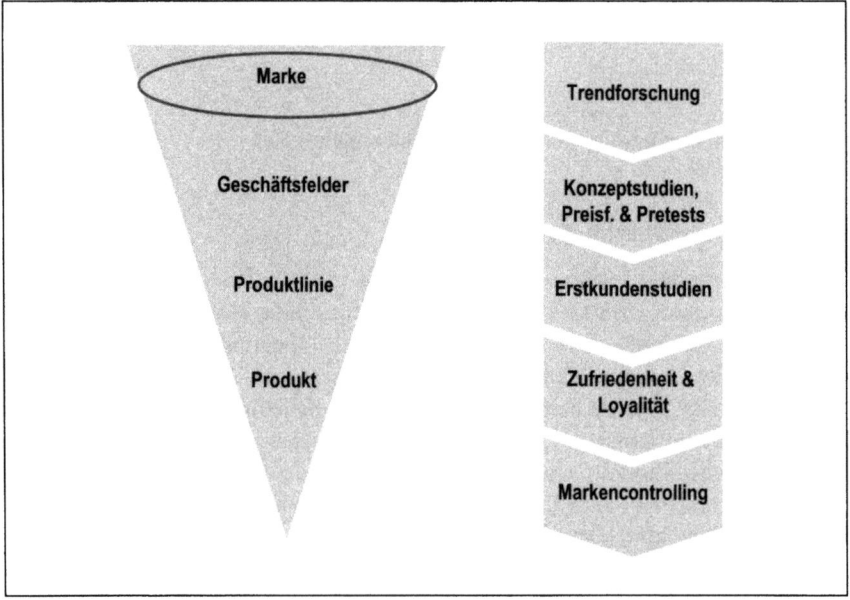

Abbildung 74: Inhaltliches und zeitliches Leistungsspektrum der Marktforschung

Am wichtigsten für die Markenführung per se ist jedoch die *Marken*forschung innerhalb der Marktforschung, die ausführlich im zweiten bis vierten Kapitel besprochen wurde. Während Feldarbeit und die Standardauswertungen über eine gute internationale Marktforschungsagentur durchgeführt werden sollten, ist es ratsam, den eigenen Mitarbeitern zu ermöglichen, Kausalmodelle selbst zu konstruieren und die notwendige Software anzuschaffen.

Organisationseinheit Markenstrategie

Diese Einheit ist das Herzstück des Markenteams und arbeitet sehr eng mit der Marktforschung zusammen. Sie nutzt, wie wir gesehen haben, die Markenforschungsergebnisse für die strategische Ausgestaltung der Marke. Sie definiert die Markenidentität und die globale Strategie und Zielplanung. Sie tut dies in enger Abstimmung mit Geschäftseinheiten, Funktionen und Ländergesellschaften. Sie treibt den Prozess voran, in dem die Marken formenden und stärkenden Brand Shaper festgelegt werden, und verfasst den Entwurf der für alle verbindlichen Markenge- und -verbote. Die Einheit definiert die Markenarchitektur und Nomenklatur der angebotenen Marken, Produkte und Dienstleistungen und sorgt somit für ein transparentes, klar strukturiertes und leicht erkennbares Leistungsangebot für die Kunden. Es werden Konzepte zur Kundengewinnung und zur -bindung erarbeitet.

Hier ist auch das Thema Design angesiedelt, das Corporate Design und auch das Produktdesign. Dabei muss die eigentliche Designleistung je nach Firmengröße nicht zwingend hausintern erbracht werden. So kann die Steuerung der verschiedenen Designagenturen und externen Designer von dieser zentralen Stelle aus erfolgen, um sicherzustellen, dass eine einheitliche „Designhandschrift" definiert und eingehalten wird. Daneben werden international wichtige Messen und Events geplant und – wenn sinnvoll – eine emotionalisierende Markenwelt errichtet. Verpackungen werden zentral hinsichtlich Funktionalität und Design geplant und festgelegt, wann es globale Verpackungen geben muss und wann es lokale Verpackungen geben darf. Insbesondere begehrte Premium- und Lifestylemarken profitieren von einer Merchandise-Linie, die nicht nur einen zusätzlichen Ergebnisbeitrag bringen, sondern gleichzeitig aus Kunden kostenlose Werbeträger macht. Selbst im B2B-Bereich geht dies, wie Caterpillar mit Stiefeln, Brillen & mehr eindrucksvoll vorführt.

In dieser Organisationseinheit sitzt geballte Markenkompetenz. Während Feldarbeit der Marktforschung und kreative Umsetzung getrost nach außen vergeben werden können, sollte die Beantwortung strategischer Fragestellungen wie der Positionierung als intern zu bearbeitende Kernkompetenz gesehen und besonderer Wert auf die Auswahl hervorragender Mitarbeiter gelegt werden.

Organisationseinheit Kommunikative Umsetzung

Die Abteilung Kommunikative Umsetzung arbeitet engstens mit der Abteilung Markenstrategie zusammen, analog der Einheit Markenstrategie, die eng mit der Forschung zusammenarbeitet. Ziel des Ressorts ist die globale kommunikative Umsetzung der Strategie sowie die operative Unterstützung der Ländergesellschaften. Die Kommunikationsstrategie leitet sich aus der globalen Markenstrategie ab und wird in interne bzw. länderspezifische Kommunikationsmaßnahmen übersetzt. Alle relevanten Aufgaben zur Verbreitung der gewählten Themen von Pressearbeit, PR, klassischer Werbung, elektronischer Kommunikation etc. finden sich je nach Ausrichtung hier wieder.

Die meisten Firmen unterhalten eine Abteilung in der Zentrale, die Anlaufstelle für die Ländergesellschaften im Sinne von operativer Marken- und Kommunikationsunterstützung bietet. Dabei stellt sich die Frage, wie man Länder organisatorisch sinnvoll gruppiert. Grundsätzlich gibt es drei Möglichkeiten nach Ähnlichkeit zu gruppieren:

- mit der regionalen Organisationsstruktur des Unternehmens,
- mit den Erfolgsfaktoren im Land (siehe Kapitel 4),
- mit der Herausforderung in den Ländern, z. B. Präferenzaufbau in einigen Ländern, während es um Bekanntheit in anderen geht und in dritten um Distributionsausweitung.

Im Fall, dass die Länderorganisation des Unternehmens in die Regionen Europa, Amerika, Asien und Sonstige Welt untergegliedert ist, bietet sich dies auch für die Gliederung der Kommunikationsunterstützung an. Oft entstehen dadurch jedoch Ungleichgewichte, weil z. B. Europa hinsichtlich der Kommunikationsexpertise anspruchsvoller ist und weniger Unterstützung seitens der Zentrale braucht. Dafür bräuchte die Sonstige Welt, selbst wenn sie nur einen kleinen Beitrag zum Gesamtumsatz des Unternehmens leistet, besonders viel Unterstützung, auch weil die Länder zu klein sind, um eigenes Personal für Markenführung und Kommunikation zu halten. Von Vorteil ist hingegen die klare Kommunikationslinie zwischen Region bzw. Land und Länderunterstützung.

Zur zweiten Möglichkeit haben wir aus der Ähnlichkeitsanalyse in Kapitel 4 gesehen, dass gegebenenfalls kulturell scheinbar völlig andersartige Länder wie die USA und Japan ähnliche Erfolgsfaktoren im Markt aufweisen können – und von daher auch gemeinsam gemanagt werden können. Vorteilhaft hierbei ist, dass gleiche Strategien verfolgt und Ideen umgesetzt werden können. Die dritte Möglichkeit gruppiert nach den gleichen unternehmensinternen Herausforderungen. In diesem Falle sind es die USA, Japan und England, in denen Präferenz aufgebaut werden muss. Vorteil hierbei ist, dass die gleiche strategische Fragestellung beantwortet wird.

Es lässt sich recht leicht entscheiden, welche Aufgaben zentral und welche dezentral gemanagt werden sollten: Dort, wo mehrere Länder von einer zentralen Dienstleistung profitieren, wie z. B. Kundenbindungskonzepte, die von der Struktur her ähnlich sind oder sogar global gültig wie beim Vielfliegerprogramm der Lufthansa Miles & More, wird zentral gemanagt. Es sollte hingegen einen Verantwortlichen vor Ort geben, wo lokale Kenntnis gefordert ist und es um geschmackliche, stilistische und semantische Fragen geht, wie insbesondere in der Ausgestaltung der Kommunikation. Vielmals werden Werbeagenturen mit dem Wunsch nach einer globalen Kampagne beauftragt, nicht ahnend, dass kulturelle Unterschiede kontraproduktiv wirken können. Wenn der Fahrer eines Automobils in einem Werbespot raucht, mag das in Asien ankommen, wo ein Großteil der männlichen Bevölkerung raucht, nicht aber in den relativ rauchfeindlichen Vereinigten Staaten.

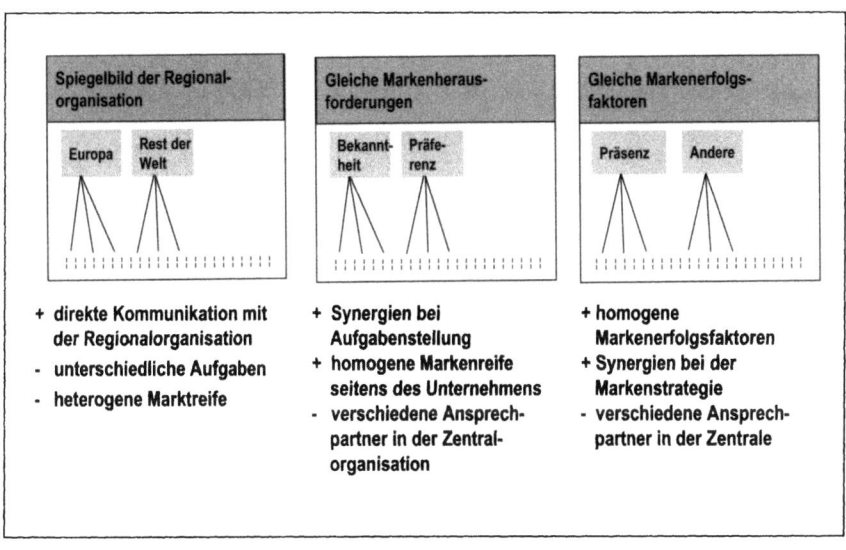

Abbildung 75: Organisatorische Alternativen in der regionalen Markenbetreuung aus der Zentrale heraus

Portfolio der Persönlichkeiten

Die Frage der Persönlichkeiten befasst sich nicht mit externen „Celebrities", die für die Marke werben können, sondern vielmehr damit, welchen Ausbildungshintergrund die Mitarbeiter der Markenorganisation idealerweise mitbringen. Klassischerweise sind es Vollblut-Marketingexperten, die ein Marketingstudium hinter sich haben und eventuell noch Agentur- oder Vertriebserfahrung erworben haben: Marktforscher, Marketeers, Kommunikatoren. Wenn Sie den beschriebenen Ansatz zur Markenführung überzeugend finden, bedeutet dies zweierlei: Ein stärkerer Fokus auf die Analytik und ebenfalls einer auf Ideen, die jenseits des

Offensichtlichen liegen. Was bedeutet dies für die Zusammensetzung des Teams? Chancen für methodisch versierte Menschen, also Mathematiker und Statistiker, die gerne modellieren. Die betrieblichen Marktforscher können dies in den meisten Fällen nicht, oder aber diese Expertise liegt brach, weil sie nicht angewandt wird. Häufig findet man auch ehemalige strategische Unternehmensberater, die sowohl analytisch-strukturiert arbeiten, als auch ganzheitlich denken und die kreativ-kommunikativen Kommunikationsexperten gut ergänzen. Stellen Sie einen hervorragenden Produktdesigner an. Für den Kundenbeziehungsprozess wäre ein Psychologe oder ein Hirnforscher sinnvoll, vielleicht ein Regisseur, der die Dramaturgie des Markenauftritts plant. Quintessenz: Seien Sie offen für exotische akademische Laufbahnen im Bereich der Markenführung! Wichtig ist die Liebe zu den Aufgaben rund um die Marke sowie die bewiesene Fähigkeit in multifakultativen Teams konstruktiv zu arbeiten. Und legen Sie die Markenführung in erfahrene Hände: Junge, unerfahrene Produktmanager, die sich schnell profilieren und weiterziehen wollen, sind Gift für ein Thema, das Kontinuität braucht.

6.2 Verteilung der Markenverantwortung im Unternehmen

Markenstrategien werden zwar vom globalen Markenteam vorangetrieben, aber nicht allein erstellt und ausgeführt. Aufgrund des ganzheitlichen Ansatzes und der interdisziplinären Natur einer Marke wird oft abteilungsübergreifend überlegt und gehandelt (vgl. Abbildung 76).

Grundsätzlich gibt es neben dem Markenteam selbst noch weitere verantwortliche Organisationseinheiten: andere zentrale Bereiche wie die Produktentwicklung oder die Personalabteilung sowie im internationalen Fall die Ländergesellschaften. Ausgehend von der Markenidentität ist zu bestimmen, wer in der Organisation welche Facetten der Marke am besten umsetzen kann. Wichtig hierbei: Die Markenidentität bestimmt die verantwortlichen Einheiten, nicht umgekehrt.

Das Markenteam ist selbstverständlich Verfechter der Markenidee, aber allein wird es den ganzheitlichen Ansatz der Markenführung nicht nachhaltig im Unternehmen verankern können – zu groß sind die internen Widerstände. Zu ihrer Überwindung braucht es insbesondere innerhalb des Unternehmens Verbündete und weitere helfende Strukturen.

Verteilung der Markenverantwortung im Unternehmen

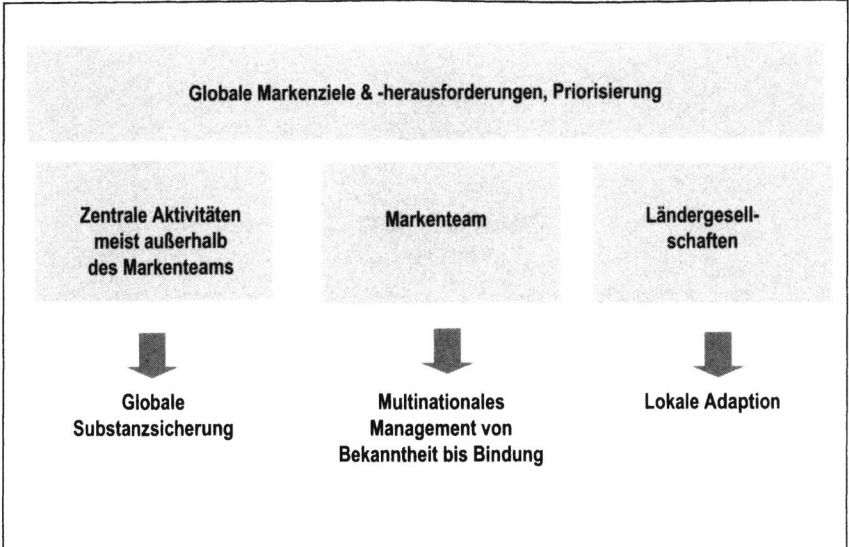

Abbildung 76: Die Markenstrategie beruht auf drei Säulen

Die Pyramide in Abbildung 77 symbolisiert die zahlenmäßige Stärke der Gruppe – der Multiplikationseffekt hingegen ist beim CEO am größten. Zudem konnte in verschiedenen Studien gezeigt werden, dass Mitarbeiterzufriedenheit mit Kundenzufriedenheit positiv korreliert – und diese wiederum mit dem Geschäftserfolg. Deshalb ist es so wichtig, eine positive Identifikation der MitarbeiterInnen mit der Marke zu erzielen und diese aktiv in die Verantwortung für eine starke Marke einzubeziehen. Alle Mitarbeiter sind Botschafter der Marke, aber die Mitarbeiter mit persönlicher Interaktion mit dem Kunden sind für die Marke am wichtigsten. Denn die Marke ist nur so stark wie ihr schwächstes Glied.

Das Markenteam sowie die Geschäftsführer der Ländergesellschaften entwickeln die Marke hoffentlich nicht nur aus gegebener Überzeugung. Sie fördern sie auch, weil sinnvollerweise Markenziele in ihren Zielvereinbarungen bzw. Boni verankert werden – was häufig bisher nicht der Fall ist. Oberster Hüter, letztendlicher Entscheidungsträger und damit Chef über alle strategischen Marken- und damit Unternehmensentscheidungen ist der/die Vorstandsvorsitzende als *Markenpräsident*.

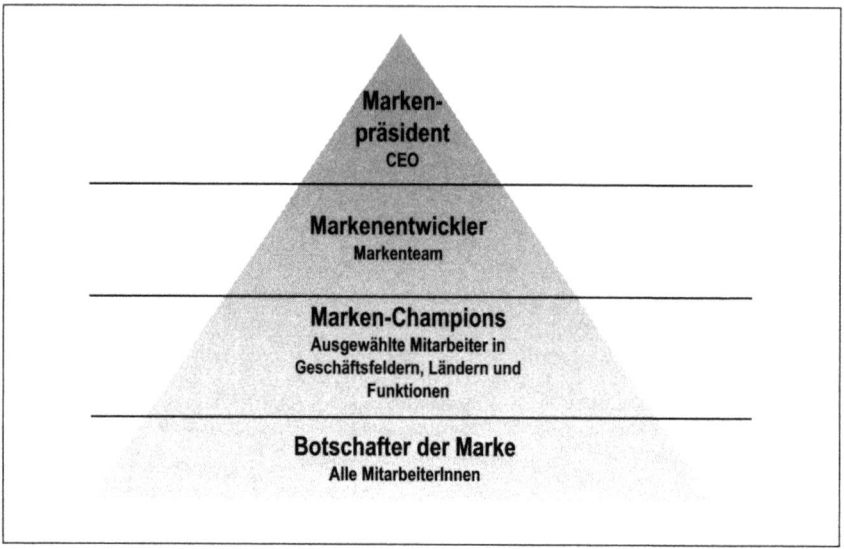

Abbildung 77: Festgelegte Verantwortlichkeiten für die Marke

Verbleiben innerhalb der Pyramide die *Markenchampions*: Sie werden nach Leistung und Markenfit ausgesucht und haben in ihrer Abteilung die Aufgabe, *neben* ihrer eigentlichen Funktion außerhalb des Markenteams für markenkonforme Entscheidungen zu sorgen. Dies tun sie ehrenamtlich und weniger über Verbote als über Information, Motivation und die klare Kommunikation von Geboten und Grenzen der Marke. Sie sind zentrale Anlaufstelle für Markenfragen in ihrem jeweiligen Funktionsbereich und sollten ins operative Geschäft eingebunden sein, aber Kraft ihrer Persönlichkeit eine natürliche Autorität ausstrahlen. Im Falle von nicht konformen Markenhandlungen thematisieren sie diese und leiten adäquate Korrekturmaßnahmen ein. Die Markenchampions informieren über neue Markenprojekte, die ihre Abteilung betreffen, und halten engen Kontakt zum Markenteam. Diesem geben sie Feedback und neue Impulse zurück. Als Dank werden sie vom Markenteam intensiv, frühzeitig und ausführlich über neue Projekte sowie markenrelevante Entscheidungen des Vorstands oder des im Folgenden beschriebenen Markenbeirats informiert. Sie werden zum regelmäßigen internationalen und interdisziplinären Erfahrungsaustausch eingeladen, bei dem sich alle Markenchampions mit den wichtigsten Vertretern des globalen Markenteams und den lokalen Markenvertretern treffen. Darüber hinaus wird jedes Jahr sowohl für die Länder als auch die Markenchampions ein Preis für bestimmte Markenleistungen ausgeschrieben, der Jahr für Jahr neu definiert wird.

Die Markenchampions vereinen demnach verschiedene Rollen in sich:

- *Multiplikator* und *Motivator* – begeistern nachhaltig und ansteckend für die Marke
- *Kommunikator* für alle markenrelevanten Neuigkeiten und Innovationen sowie konkurrierender Interessenslagen hinsichtlich Kosten, Qualität, Zeit
- *Impulsgeber* für die Weiterentwicklung der Marke, auf Basis von Feedback an das Markenteam
- *Vorbild* für die Marke innerhalb seiner Organisationseinheit und *Moderator* für den Implementierungsprozess aller markenstrategischen Aspekte
- *Formgeber* für lokale Adaptionen in den Ländergesellschaften.

Ein interdisziplinärer Markenbeirat

Die Marke hat unternehmensintern nicht nur Freunde, wenn es um ihre Pflege und damit auch Investitionen geht. Jede gute Markenentscheidung bringt zwar langfristig sowohl der Marke als auch dem gesamten Unternehmen Vorteile, aber im konkreten Moment der Entscheidung wird oft eher kurzfristig gedacht. Außerdem verursacht die Entscheidung Kosten, die von anderen Einheiten als dem Markenteam getragen werden müssen, und das läuft finanziellen Motiven dieser Abteilungen entgegen. Oft bedeuten Markenentscheidungen zudem Verzicht auf Entscheidungsspielraum. Wenn es z. B. heißt, dass verlockende Kostensenkungen nicht realisiert werden sollen, weil die Farbe einer Produktkomponente nicht exakt mit der Farbe eines anderen Teils übereinstimmt – was dem Kunden mindere Qualität signalisieren könnte. Oder wenn die Möglichkeit eines Co-Branding mit einer anderen Marke abgelehnt wird, weil laut Aussage des Markenteams das Image der anderen Marke das eigene verwässert, obwohl es so viel zusätzliche kostenlose Bekanntheit brächte. Oder die kreative Verkaufsförderung mit großzügigen Rabatten zu unterbleiben hat, weil angeblich die kurzfristige Umsatzsteigerung durch negative langfristige Imageeffekte überkompensiert würde. Dies führt zum Bedauern und Nicht-Nachvollziehen-Können durch viele Abteilungen, da diese Entscheidungen die kurzfristigen Geschäftsziele torpedieren. Selbst umfangreiche Abstimmungsrunden können Spannungen zwischen Markenteam und anderen Abteilungen nicht immer verhindern. Was tun?

Die Lösung des Problems ist der Aufbau eines *interdisziplinären Gremiums*, das die strategischen Markenentscheidungen des Vorstandsvorsitzenden und die Managemententscheidungen der Markenteams als ein hochrangiges, aber das Unternehmen breit repräsentierendes Bindeglied unterstützt. So treffen von den

Markeninvestitionen Überzeugte auf Vertreter des Unternehmens, die noch zu überzeugen sind. Automatisch binden Sie damit potenzielle Widersacher ein und vereinen unterschiedliche Perspektiven in eine ganzheitliche, unternehmerische Sicht.

Was sind exemplarische Aufgaben eines Markenbeirats und wer sitzt darin? Das Forum entscheidet über die Durchführung von interdisziplinären Markeninitiativen, deren Budgetverteilung und verfolgt, dass die Meilensteine des Markenfahrplans eingehalten werden. Ein Beispiel wäre die Entwicklung einer neuen Verpackungslinie, die einem Team aus Logistik, den Geschäftseinheiten, dem Designer, der Verpackungsexperten, dem Controlling, dem Vertrieb und Werke unterschiedlicher Standorte übertragen worden ist. Der Markenbeirat aktualisiert auch die Markenge- und -verbote, schafft klare Anreize und Sanktionsmechanismen im Fall, dass Verbote nicht eingehalten werden. Er beschließt die Verwendung von Markennutzungsrechten wie Lizenzen und Allianzen und entscheidet, ob und welche externe Berater zu welchen Themen hinzugezogen werden. Regelmäßig lässt sich der Beirat detailliert über weltweite Markenerfolgskennziffern (siehe Kapitel 7) berichten.

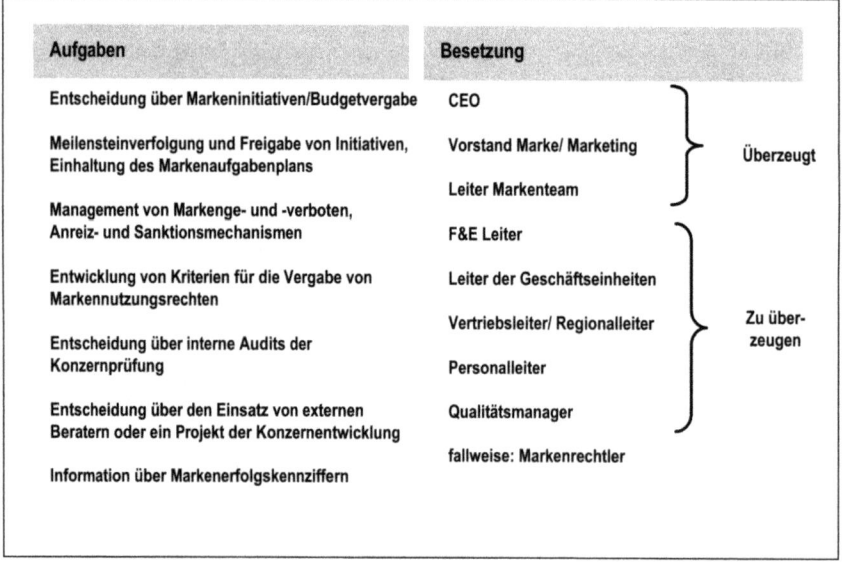

Abbildung 78: Aufgaben und Besetzung eines Markenbeirats

Exkurs Anreiz- und Sanktionsmechanismen

Anreiz- und Sanktionsmechanismen verdienen hierbei besondere Beachtung. Verschiedene Anreize sind denkbar:

- mündliches oder schriftliches Lob,
- Veröffentlichung der Markenleistung in der hauseigenen Mitarbeiterzeitschrift oder der Führungskräfteinformation,
- die Ausschreibung von Markenpreisen nach vorher festgelegten Kriterien.

Diese Anreize würden an Personen vergeben, die z. B. die Markenidentität messbar gut vorgelebt haben, die höchste relative Markenstärke im Konkurrenzvergleich oder maximale Konsistenz im Markenauftritt erzielt haben. Sanktionen sind heikler und müssen vorsichtig dosiert, dann aber entschieden angewandt werden. Wenn unternehmensintern gegen Markenverbote verstoßen würde und dies hätte kein Folgen, könnte man sie auch weglassen. Ansteigende Formen der Ermahnung sind die

- persönliche Thematisierung unter vier Augen,
- persönliche schriftliche Thematisierung,
- mündliche öffentliche Thematisierung im Rahmen der Sitzungen des Markenbeirats,
- bis hin zur Information des Vorstands bzw. Aufnahme in das persönliche Zielvereinbarungsgespräch fürs nächste Jahr.

Sollten ganze Abteilungen als markenkontraproduktiv auffallen, indem sie beispielsweise aus Kostensenkungsambitionen die Qualität der Komponenten deutlich reduzieren, kann der Markenbeirat darüber entscheiden, einen *Markenaudit* von der Konzernprüfung zu veranlassen – dies allerdings als letzte Instanz.

Wer sollte nun im Markenbeirat vertreten sein? Die wichtigsten Vertreter sind die, die Marken schaffen, deren Substanz entwickeln und sie letztendlich vertreiben: Also der Forschungs- und Entwicklungschef bzw. Leiter des Innovationsprozesses, der Leiter Qualitätssicherung, die wichtigsten Märkte oder Regionen als Vertreter des Vertriebs und zuletzt auch ein Markenrechtler bzw. Patentanwalt, falls es um rechtliche Fragen von Markenverstößen im eigenen Haus oder durch die Konkurrenz geht. Diese Gruppe gilt es zu überzeugen. Dem gegenübergestellt werden der Leiter des Markenteams, der zugehörige Vorstand und natürlich der Vorstandsvorsitzende als Markenpräsident. Durch regelmäßige Sitzungen werden so Konflikte offen ausgetragen und gelöst sowie die projektrelevante interne Kommunikation sichergestellt.

6.3 Verankerung der Marke in Unternehmensprozessen

Markenstrategien lassen sich kommunizieren und aufbauorganisatorisch abbilden, aber wie integriert man die Markenphilosophie nachhaltig und breit im Unternehmen? Indem sie in den Unternehmensprozessen direkt verankert wird. Dabei spielen einige Prozesse eine ganz zentrale Rolle:

- der *Produktentwicklungs- bzw. Innovationsprozess* als Grundlage der Schaffung von Markensubstanz,
- der *Personalprozess* von der Rekrutierung über die Personalentwicklung inklusive Markentrainings bis zum Ausscheiden aus dem Unternehmen,
- die *persönliche Leistungssteuerung* durch Integration von Zielvorgaben.

Integration in den Produktentwicklungsprozess

Am Produktentwicklungs- bzw. Innovationsprozess lässt sich dieser Ansatz beispielhaft darstellen: Von der Konzeption einer Idee bis zum Markterfolg werden zahlreiche markenrelevante Aspekte bedacht. Jeder Schritt, von der Idee eines neuen Produktes bis hin zum Einsatz von Werbemitteln muss unter Markenaspekten beleuchtet werden. Der Innovationsprozess beinhaltet so unterschiedliche Stufen wie

- den „Fit zur Marke": Passt eine Innovation überhaupt durch den Filter der Markenidentität und wenn ja, wo stärkt sie die Marke? Passen Funktionalität und das Design?
- Konzept- und Akzeptanztests beim Kunden: Welchen spürbaren Kundennutzen vermittelt die Innovation?
- die Verpackung bzw. die Produktpräsentation: qualitativ-funktionale Sicht und die gestalterische Anmutung, die Kommunikationsstrategie neuer Produkte und Dienstleistungen: Welche Zielkunden werden angesprochen? Welche Mittel eingesetzt? Welche Botschaft wird kommuniziert?

Gleichzeitig kann priorisiert werden: An Brand Shaper werden beispielsweise größere Anforderungen gestellt als an Produkte, die diese Sonderstellung nicht haben. Eine besonders engmaschige Überwachung der Produktsubstanz, detaillierte Marktforschung in allen Phasen des Entwicklungsprozesses, ein spür- und messbarer Kundennutzen könnten hier gefordert werden.

Verankerung der Marke in Unternehmensprozessen 157

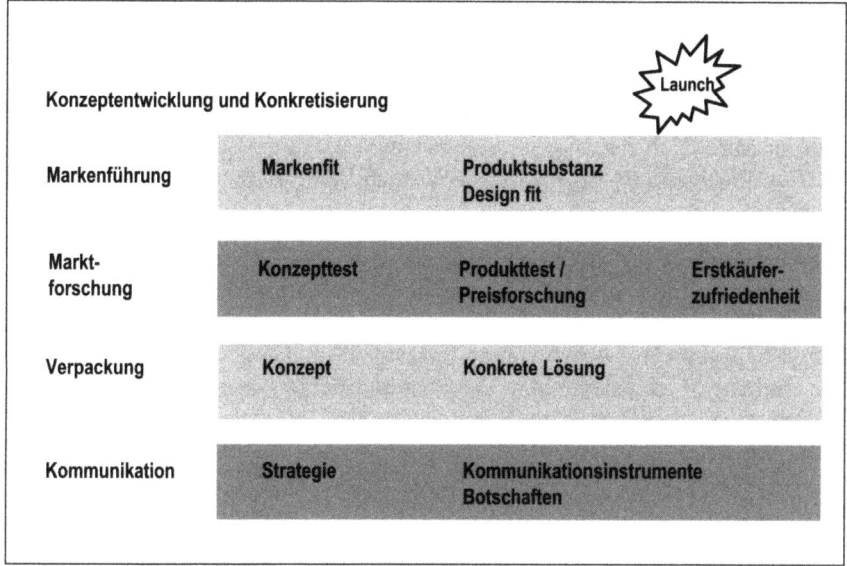

Abbildung 79: Integration von markenrelevanten Aspekten im Innovationsprozess

Eine solch intensive Einbindung der Markenführung in die operativen Unternehmensprozesse wird über interdisziplinäre Workshops mit den verantwortlichen Projektleitern und Produktmanagern erreicht, die abteilungs- und länderübergreifend besetzt sind. So lässt sich die naturgemäß entstehende „Tunnelperspektive" einzelner Abteilungen aufbrechen. Die Stärkung der Marke wird so zum Leitbild für möglichst alle Prozesse im Unternehmen.

Integration in den Personalprozess sowie die Leistungssteuerung

Der Personalprozess umfasst die Rekrutierung selbst, die Personalentwicklung bis hin zum betrieblichen Ausscheiden. Da Marke und Unternehmen bzw. Marke und Kultur möglichst kongruent sein sollen und die Kultur von den angestellten Mitarbeitern aktiv geprägt wird, ist schon die Wahl der Mitarbeiter auf Markenkonformität zu prüfen. Bei der Bewerbung von Kandidaten kann die Markenidentität neben Persönlichkeitskriterien und fachlicher Kompetenz für die zu besetzende Stelle ausschlaggebend sein: Wenn die Marke wie in *Charismas* Falle für Exklusivität und Originalität steht, passt ein stilvoll gekleideter Bewerber wahrscheinlich gut zu Kultur und Marke. Wenn zudem Perfektion gefragt wäre, wird das Unternehmen die Besten der Besten erreichen wollen und auch bereit sein, entsprechend dafür zu bezahlen. Während der Personalentwicklung gibt es zum einen markenspezifische Trainings, beginnend bei einem Einführungsseminar für neue Mitarbeiter, weiterführend mit maßgeschneiderten Markenführungsmodulen je nach Funktionseinheit bis hin zu einer Markenakademie für Führungskräfte. Im Rahmen jährlicher persönlicher Feedbackgespräche, die auf Managementebene auch diskutiert werden, wird neben der fachlichen Leistung überprüft, ob die Marke vorgelebt wird, ob die Mitarbeiterzufriedenheit im Team hoch ist und gegebenenfalls werden Verbesserungsmaßnahmen eingeleitet.

Markenziele können darüber hinaus in die variablen Gehaltsbestandteile (Boni) mit aufgenommen werden. Damit wird eine kurzfristige Ausrichtung auf Absatz und Umsatz auf Kosten der Marke verhindert. So könnte bei einem Geschäftsführer beispielsweise neben Umsatzwachstums- und Ergebniszielen auch noch die erreichte Markenstärke bzw. die Übereinstimmung zwischen Markenidentität und Image einen Teil seines Bonus ausmachen.

Quintessenz

▷ Markenbewusstsein muss in einem Unternehmen organisatorisch in Strukturen und Prozessen verankert werden. Die Verantwortung muss auch außerhalb des Markenteams verteilt werden.

▷ Ein Unternehmen ist umso markenbewusster, je konsequenter der Filter der Markenidentität über alle unternehmerischen Entscheidungen angewandt wird, inklusive dem Mut, einmal „Nein" zu sagen.

▷ Die Markenverantwortung sollte hierarchisch möglichst weit oben verankert sein; umso relevanter die Marke für die Branche ist, desto höher. Die Funktionseinheit Markenführung beinhaltet Kommunikation und nicht vice versa.

▷ Wenn Markenführung als Prozess betrachtet wird, kann die Markenorganisation auch diesen Prozess abbilden: von der Forschung über die Strategie bis zur Umsetzung.

▷ Zur markentechnischen Unterstützung der Ländergesellschaften aus der Zentrale heraus kann die Ähnlichkeit der Markenerfolgsfaktoren organisatorisch abgebildet werden.

▷ Markenchampions in den Ländern und Funktionen unterstützen das Markenteam als Kommunikator, Motivator, Organisator sowie Impulsgeber und verbreiten sowohl Verständnis als auch Begeisterung für die Marke im Unternehmen.

▷ Ein interdisziplinärer Markenbeirat vereint von der Marke Überzeugte und zu Überzeugende in einem Gremium und entscheidet über Markenprojekte und deren Fortschritt.

▷ Das Markenteam lässt sich neben Marketingexperten um Persönlichkeiten mit anderem fachlichen Hintergrund, insbesondere quantitativmethodischem sowie „exotischem" bereichern: z. B. Hirnforschern oder Dramaturgen – natürlich nur bei Vorhandensein einer hervorragenden Führungskraft.

▷ Der Markengedanken soll in Unternehmensprozessen von Anfang bis Ende des jeweiligen Prozesses durch zu erreichende Meilensteine verankert werden. So z. B. im Produktentwicklungsprozess durch Kriterien, die erreicht sein müssen, um die nächste Phase des Prozesses durchlaufen zu können.

▷ Werden Markenziele auch außerhalb des Markenteams in die Zielvereinbarung und variablen Bestandteile der Bezahlung integriert, fällt das Abwägen zwischen kurzfristigen markenschädigenden Verlockungen und langfristigen Notwendigkeiten guter Markenführung leichter.

7. Markenerfolg: Was Investitionen in die Marke bringen

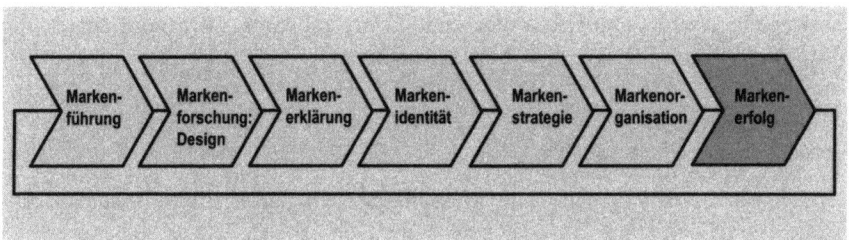

Am Ende dieses Kapitels wissen Sie ...

▷ welche Vorteile regelmäßiges, umfassendes Messen des Markenerfolgs mit sich bringt
▷ welche Bestandteile ein Markencockpit haben sollte
▷ wie Sie den Wert von Markeninvestitionen jenseits der Kommunikation berechnen
▷ wie Sie die Größen untereinander und mit anderen Cockpits des Unternehmens verzahnen

„In der Praxis herrschen eklatante Defizite bei der Kontrolle von Markenwirkungen."
Franz-Rudolf Esch et al. in „Corporate Brand Management"

Sie benötigen eine möglichst umfassende Erfolgsmessung, um zu prüfen, ob die festgelegten und angewandten Markenstrategien greifen und wie sich die Erfolgstreiber der Marke entwickeln. Dieses Messsystem setzt bei der Wahrnehmung der Marktteilnehmer an. Dort entstehen die Markenwerte und die meisten von ihnen sind leicht messbar.

Der Vorteil einer ganzheitlichen Messung besteht darin, Investitionen in die Marke sowohl mit der Markenleistung als auch mit der Unternehmensperformance in Verbindung zu bringen. Auf diese Weise lässt sie sich als strategisches Managementtool nutzen. Sie eignet sich zum Abgleich mit Kundenerwartungen, zur Identifikation von Stärken und Schwächen der eigenen Marke im Vergleich zur Konkurrenz, zum internationalem Vergleich und zur Priorisierung von Aufgaben und Einsatz von Ressourcen.

Sowohl Markenführung als auch Forschung und Entwicklung bedürfen einer langfristigen Orientierung; dem widerspricht eine kurzfristige Umsatz- und Gewinnorientierung. Eine starke Marke im Wettbewerbsumfeld gehört dennoch meist zu den erklärten Zielen des Managements sowie der Vertriebsgesellschaften. Wenn jedoch ein geeignetes Controlling-Tool der Marke umfassende Messgrößen bereitstellt, wird das Abwägen zwischen kurzfristigen Möglichkeiten und langfristigen Markennotwendigkeiten erleichtert.

7.1 Elemente eines Markencockpits

Genau wie ein Flugzeugcockpit mit möglichst wenigen Instrumenten sowohl den Zustand des Flugzeugs als auch Lage auf dem verfolgten Kurs anzeigt, versucht ein *Markencockpit* einen aktuellen Überblick über die Position der Marke abzugeben. Die ganzheitliche Erfolgsmessung erschöpft sich nicht mit einzelnen Kennziffern, sie deckt viele Perspektiven ab: von der Vergangenheit bis zur Zukunft, intern und aus Kundensicht, quantitativ und qualitativ. Sie misst wiederholbar, was in die Marke investiert worden ist und was die Markenführung im Ergebnis gebracht hat.

Elemente eines Markencockpits 163

Ein typisches Cockpit finden Sie in nachstehender Abbildung. Charakteristisch ist eine starke Outputorientierung: Abgesehen von den Kommunikationsausgaben fehlen Investitionen in die Marke leider völlig.

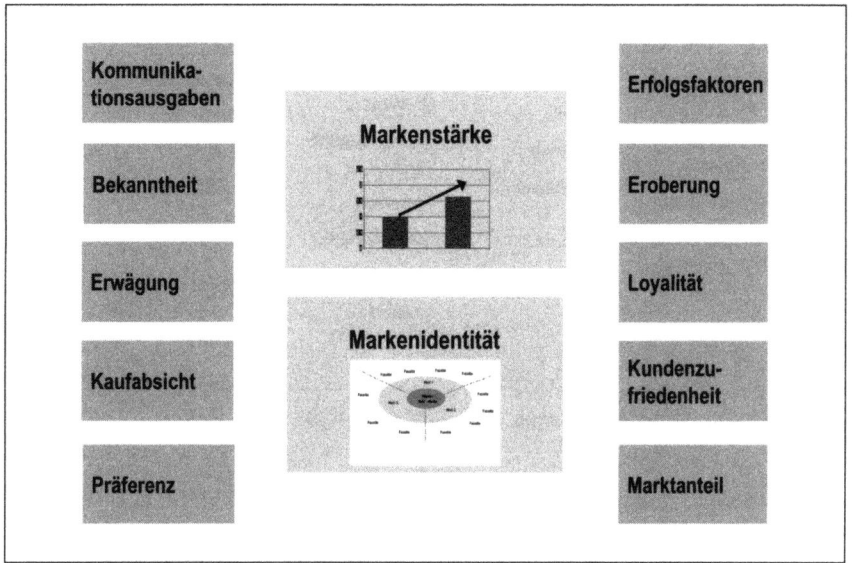

Abbildung 80: Typisches Markencockpit mit starker Outputorientierung

Ein ideales Cockpit umfasst auch Investitionen in die Marke

In einem idealen Cockpit werden neben der *Markeninvestition* bei den *Markenvorleistungen* der gesamte psychologische Prozess als Wahrnehmungskennziffern abgebildet: von der Markenbekanntheit über die Erwägung, Präferenz bis zur Kaufintention samt Transferraten. Die *Markenleistung* kombiniert Wahrnehmungskennziffern wie Bekanntheit mit harten Leistungsziffern wie den Marktanteilen. Sie umfasst die absolute und relative Markenstärke, den Abgleich der Markenidentität mit dem wahrgenommen Image, die Eroberungsraten der Konkurrenz, das erzielte Preispremium im Vergleich zur Durchschnittsmarke im relevanten Markt, die Kundenzufriedenheit bis hin zur Loyalisierungsrate bestehender, bzw. der Wiedergewinnquote verlorener Kunden. Die monetären Ergebnisse manifestieren sich im letzten Schritt der *finanziellen* Auswirkungen. Hier werden Markenwerte absolut und ihr Anteil am Unternehmenswert, die noch vorzustellende Markeninvestitionsrechnung, der Marktanteil und die Rentabilität, vereint.

Abbildung 81: Wichtige Elemente eines Markencockpits

Eine *monetäre Markenwertmessung* ist heute noch problematisch, da die notwendige Eichung fehlt. Eine Palette von kaum noch überschaubaren Bewertungsverfahren führt in ihrer Anwendung zu stark variierenden errechneten Werten: mehrere hundert Prozent (!) Abweichungen sind eher die Regel als die Ausnahme; sie sind sehr subjektiv und zeitpunktabhängig[11]. Was soll Siemens davon halten, wenn ihr Markenwert im Jahr 2004 zwischen 6 und 15Mrd. Euro beziffert wird? Erst wenn eine „harte Währung" zur Errechnung des Markenwerts gefunden sein wird, ist eine kontinuierliche Messung möglich.

Die Kennziffern des Cockpits sollen wenn möglich nicht nur absolut, sondern auch *relativ* angegeben werden:

- Soll-Ist: Abgleich mit selbst gesetzten strategischen Zielen
- Externer Benchmark: im Vergleich zur Konkurrenz
- Zeitablauf: die Gegenwart im Vergleich zu früheren Zeiträumen, die Zukunft anhand von Frühindikatoren
- Interner Benchmark: Unternehmenseinheiten im Vergleich, insbesondere die Ländergesellschaften untereinander.

---

11 Franz-Rudolf Esch, „Markenführung, die auch an der Börse überzeugt", Markenartikel 64. Jg., 2002, Heft 3, S. 80–89

Optionale Elemente des Markencockpits

Neben den vorgeschlagenen Pflichtkriterien gibt es noch eine Vielzahl optionaler Kennziffern, die in einem maßgeschneiderten Cockpitchart abgebildet werden können. Theoretisch sind einer Detaillierung keine Grenzen gesetzt; es ist jeweils abzuwägen, ob der Nutzen den Aufwand und die potenzielle Ablenkung von den wesentlichen Kenngrößen rechtfertigt.

Auf der Outputseite können Sie z. B. weitere Kauftrichterdetails erfassen, neben der „guten" Bekanntheit auch nach ungestützter und gestützter Bekanntheit differenzieren sowie nach „Top of Mind" – die Marke, die als erstes genannt wird – Nennungen. Bei der Erwägung lässt sich zudem nach alleiniger und Mehrmarkenerwägung differenzieren. Bei Zufriedenheitsdaten kann neben einer Gesamtzufriedenheit noch nach Produkt-, Service- und im Falle indirekter Distribution auch Händlerzufriedenheit detailliert erfasst werden. Die Zufriedenheit mit Brand Shapern könnte aufgrund ihrer strategischen Rolle für die Marke ebenfalls separat eruiert werden. Wenn ein Unternehmen großen Wert darauf legt, die Markenleistung entlang der Berührungspunkte mit der Marke zu erfassen, können neben den auf jeden Fall zu erfassenden Produkten und Dienstleistungen zusätzlich die wichtigsten Berührungspunkte überprüft werden.

Zum anderen können eine Reihe von internen Markenkriterien herangezogen werden, so z. B. interne Markenfähigkeiten und das interne Markenbild. Die internen Markenfähigkeiten decken Prozesse und Aufgaben, so z. B. die Produktaktualität, ab. Bei der Produktaktualität wird gemessen, wie viel Prozent des Umsatzes mit Produkten bzw. Dienstleistungen erzielt werden, die je nach Schnelllebigkeit der Branche jünger als drei oder fünf Jahre sind. Das interne Markenbild ist wichtig, wenn man der Überzeugung folgt, dass die Marke erst beim Kunden adäquat wirken kann, wenn sie im Unternehmen bei den Mitarbeitern bekannt und von ihnen gelebt wird. Im Rahmen einer internen Marktforschung bzw. der in vielen Unternehmen regelmäßig stattfindenden Befragungen zur Zufriedenheit der Mitarbeiter können Markenfragen integriert werden. Sowohl die Bekanntheit der Marke mit ihrer Mission, den Markenwerten und Facetten sowie die Identifikation mit der Marke und die Überzeugung, dass genau diese Werte im Unternehmen vorgelebt werden, sollten erfasst werden. So wird das vorhandene interne Markenbild mit der gewünschten Markenidentität gespiegelt und Korrekturnotwendigkeiten werden identifiziert.

Quellen für das Markencockpit sind globale und länderspezifische Markt- und Markenforschung sowie das Management- und Finanzcontrolling. Wichtig ist, dass jedes aufgenommene Element eindeutig operationalisiert ist und über die

Länder hinweg nicht Äpfel mit Birnen verglichen werden. So muss z. B. muss klar sein, welche Art der Markenbekanntheit im Cockpit gemessen wird und wie Kundenzufriedenheit exakt verstanden wird.

Optionales - kundenorientiert

Kauftrichterdetails, z.B.
- ungestützte, gestützte, Top of Mind Bekanntheit in %
- alleinige Erwägung in %
- segmentspezifische Darstellungen.

Kundenzufriedenheitsdetails, z.B.
- mit Brand Shapern
- mit Produkten insgesamt
- mit Dienstleistungen
- mit Händlern.

Berührungspunkte mit der Marke, z.B.
- Werbewirkung
- POS-Wirkung.

Optionales - intern

Interne Markenfähigkeiten, z.B.
- Produktaktualität/Innovationsfähigkeit
- Qualitätskennziffern
- Anzahl gewonnener Designpreise.

Internes Markenbild, z.B.
- Bekanntheit aller Elemente der Markenidentität
- Vorleben der Markenidentität im Unternehmen
- Identifikation mit der Markenidentität.

Abbildung 82: Optionale Elemente des Markencockpits

7.2 Markeninvestitionsrechnung

Investitionen in die Marke – der Input – sind dem Markenerfolg als Output kausal vorgelagert. Da Markeninvestitionen schwer messbar sind und Unternehmen nicht gerne in etwas schwer Messbares investieren, wird nach bisherigem Kenntnisstand in den Unternehmen keine Markeninvestitionsrechnung durchgeführt. Von investierten Geldern für eine Marke kann man zwar nicht direkt auf den Markenerfolg schließen, wohl aber die Effektivität einer solchen Investition berechnen. Wie kann festgestellt werden, ob sich Investitionen in die Marke und insbesondere die Markensubstanz lohnen, und wie kann man sie überhaupt von anderen Investitionen abgrenzen?

Wenn die Inputseite der Markeninvestition im Cockpit betrachtet wird, dann oft in irreführender Weise – in der Regel wird nämlich nur das Kommunikationsbudget als Inputgröße berücksichtigt. Markenführung ist jedoch mehr als die Steuerung von Werbeagenturen! Darüber hinaus werden Investitionen in die Marke häufig immer noch als *Kosten* gesehen. Es fehlt also am Bewusstsein der

Markeninvestitionsrechnung

investiven Wirkung von Maßnahmen zum Markenaufbau. Dies rührt daher, dass Markenführung gerade in Dienstleistungs- und B2B-Unternehmen häufig immer noch mit Werbung gleichgesetzt wird. Lohnt sich aber beispielsweise die Investition in eine teure, dafür markenkonforme Produkt- oder Verpackungsfunktionalität auch in finanzieller Hinsicht oder ist vielleicht eine preisgünstigere Variante – ohne den Premium-Markenanspruch – langfristig in monetärer Hinsicht Erfolg versprechender?

Um dies entscheiden zu können, sind die finanziellen Auswirkungen beider Varianten mittels einer Investitionsrechnung zu vergleichen. Markeninvestitionen sollten letztlich wie eine normale unternehmerische Investition in ihrem Beitrag zum Unternehmenserfolg analysiert werden. Dies ist zumindest in Form von Modellrechnungen möglich, wenn Input-Output-Beziehungen transparent modelliert werden.

Was wird nun als *Markeninvestition* betrachtet und welche Wirkung soll durch sie erzeugt werden? Die folgende Abbildung zeigt schematisch die Input-Output-Beziehungen Dabei werden auf der Inputseite *direkte* und *differenzielle* Markeninvestitionen unterschieden. Direkte Investitionen sind solche, die voll umfänglich der Marke zugeschlagen werden können, da sie unmittelbar auf die Markenstärke abzielen, wie z. B. Werbung.

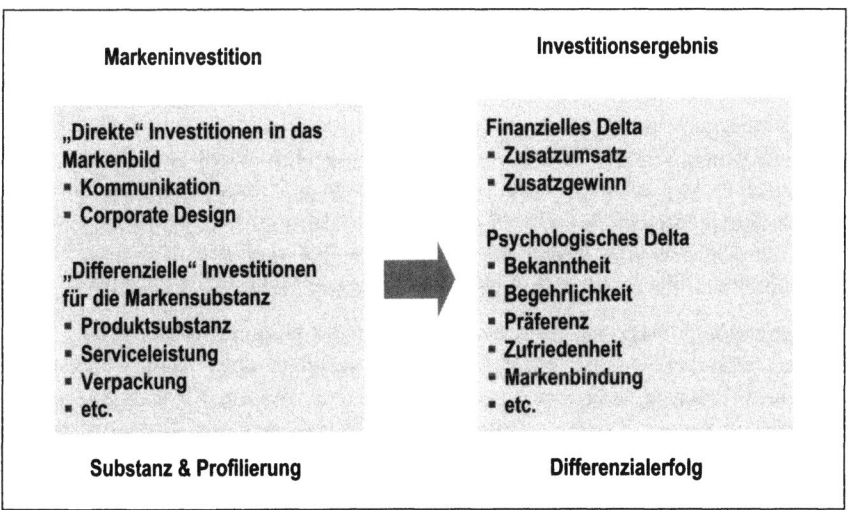

Abbildung 83: Markeninvestition und Investitionsergebnis

Daneben gibt es jedoch auch Investitionen, die ohnehin getätigt werden müssen (z. B. zugekaufte Teile, Verpackungen oder die Ausstattung am POS). Je nach Ausprägung leisten sie einen mehr oder weniger großen Beitrag zur Markenstärke und zum Markenwert. Es kann dann nur *der* Investitionsanteil als Markeninvestition berücksichtigt werden, der über das normale Maß hinaus zu einer Verbesserung der Markensubstanz und -attraktivität beiträgt. Dieser Investitionsbeitrag wird als *differenzielle Markeninvestition* bezeichnet. Sie ergibt sich als der im Vergleich zu einer „abgespeckten", nicht markenoptimalen Variante erforderliche finanzielle Mehraufwand, der alleine dadurch verursacht ist, dass der angestrebte Markencharakter deutlicher zum Tragen kommt.

Konkretes Beispiel einer differenziellen Markeninvestition

Ein unternehmerisches Beispiel soll den Gedanken illustrieren: *Charisma* sucht eine neue einheitliche Verpackungslinie für seine breite Produktpalette, um Kosten zu senken. Das Markenteam schlägt vor, gleichzeitig die Funktionalität zu erhöhen, da es Kundenbeschwerden gab und da wichtige Markenwerte „Funktionalität" und „Exklusivität" sind. Zusätzlich schwebt dem Team vor, auch das Verpackungsdesign entlang der neuen Corporate-Design-Richtlinien kompatibel und exklusiv zu modernisieren. Es entsteht ein Zielkonflikt: Funktionalität und Exklusivität zu erhöhen bei gleichzeitiger Kostensenkung wird in den seltensten Fällen möglich sein. So entwickelt die Markenabteilung drei Alternativen: eine kostenorientierte Variante durch Produktion in Osteuropa, eine funktional verbesserte Variante mit leichten Kosteneinsparungen und eine markenoptimale Variante mit maximaler Funktionalität und exklusivem Design zu gestiegenen Kosten. *Charismas* Markenbeirat entscheidet sich für die markenoptimale Verpackung – sehr zum Leidwesen der Geschäftsfelder, die nun höhere Herstellkosten zu verkraften haben. Der Differenzialgedanke besagt nun, dass die Differenz zwischen der kostenoptimalen und der markenoptimalen Variante, die effektiv gewählt worden ist, die Markeninvestition darstellt.

Die getätigten Markeninvestitionen sollen auf der Outputseite finanzielle Zielgrößen realisieren helfen. Hierbei spielt der aufgrund einer Markeninvestition generierte Zusatzumsatz eine entscheidende Rolle. Denn der Zusatzumsatz abzüglich der Kosten für die zusätzlich verkauften Produkte bzw. Dienstleistungen und der Markeninvestition ergeben schließlich den Zusatzgewinn. Unter betriebswirtschaftlichen Aspekten gilt es, diejenige Investitionsalternative umzusetzen, die den höchsten Zusatzgewinn verspricht.

Der Ansatz des Marken-Return-on-Investment (Marken-RoI)

In konsequenter Fortführung der bisherigen Überlegungen bietet es sich deshalb an, ebenso wie für jede Anlageninvestition auch für Markeninvestitionen den Return-on-Investment zumindest näherungsweise zu berechnen. In Anlehnung an die klassische, hier vereinfachte Formel, errechnet sich der Marken-RoI wie in Abbildung 84.

Abbildung 84: Vereinfachte Formel für die Markeninvestitionsrechnung

In der Formel wird deutlich, dass die folgenden Variablen zur Berechnung des Marken-RoI zentral sind:

- die Höhe der über die verschiedenen unternehmerischen Entscheidungen kumulierte Markeninvestition sowie
- der durch die Investition zu erwartende Zusatzumsatz.

Diese gilt es zu bestimmen – darin liegt sowohl die Problematik als auch die Kunst. Auch wenn die Schätzung dieser Variablen in ihrer Gesamtheit schwierig ist, scheint eine Bestimmung durch moderne Methoden der Marktforschung doch möglich. Denn intelligente Marktforschung bietet verlässliche Ergebnisse, deren Simulations- und Modellrechnungen eine bessere Entscheidungsgrundlage bei Investitionen in die Marke schaffen.

Möglichkeiten zur pragmatischen Bestimmung des Marken-RoI

Zentral ist die Unterscheidung in direkte und differenzielle Markeninvestitionen. Als direkte Markeninvestition können unmittelbar die Kommunikationskosten angesetzt werden sowie alle Kosten, die ausschließlich der Markenstärkung dienen. Differenzielle Markeninvestitionen umfassen die Investitionen, die für eine markenkonforme Ausgestaltung einer Leistung anfallen und nicht *primär*

Markenstärkungsabsichten haben, wie im Verpackungsbeispiel angedeutet. Dies könnten notwendige Investitionen sein zur

- Sicherstellung einer höheren Produktqualität durch bewusste Auswahl teurer Komponenten,
- Sicherstellung eines hochwertigen, markenkonformen Auftritts beim Messeauftritt, am POS,
- Gewährleistung eines markenkonformen Service-Levels.

Der Gedanke lässt sich auf das gesamte Unternehmen übertragen. Die Investitionen müssen bewusst getätigt worden sein und explizit dem Markenziel zugeordnet werden können. Die so ermittelten Markeninvestitionen sind den dadurch entstehenden Zusatzumsätzen abzüglich der Kosten des Zusatzumsatzes gegenüberzustellen. Das grundlegende Modell zur Ermittlung des Zusatzgewinns zeigt die folgende Abbildung.

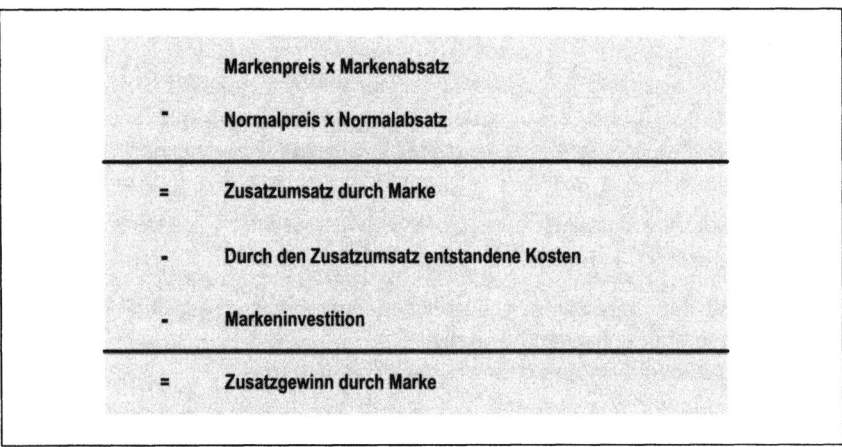

Abbildung 85: Berechnung des Zusatzgewinns

Jede Investition in die Marke zielt darauf ab, die Preisbereitschaft der Kunden und/oder das gekaufte Volumen und damit mittelbar den Umsatz zu erhöhen. Ein Verfahren zur Schätzung des durch eine Markeninvestition generierten Zusatzumsatzes muss also in erster Linie diese beiden Parameter ermitteln: Das *Preispremium* und das erreichte *Mehr- oder Mindervolumen*. Wird von diesem Markenumsatz nun der Umsatz mit der Basisinvestition abgezogen, ergibt sich der durch die Markeninvestition generierte Zusatzumsatz. Von diesem müssen wiederum die Kosten der verkauften Waren und die Markeninvestitionen abgezogen werden. Es resultiert der Zusatzgewinn, die Grundlage der Marken-RoI-Berechnung.

Zur Feststellung des erzielbaren Preispremiums und Mehrvolumens existieren unterschiedliche, schon für andere Fragestellungen bewährte Verfahren. Die Auswahl des geeigneten Verfahrens hängt von der gewünschten Exaktheit und dem zur Verfügung stehenden Budget ab. Folgende Verfahren sind grundsätzlich geeignet:

- Repräsentative Befragungen bei potenziellen Kunden
- Experimentelle Ansätze, insbesondere multivariate *Conjoint-Verfahren*, die von Gesamturteilen deren treibende Einzelkriterien ableiten.

Idealtypisch werden Preis- und Kaufbereitschaft jeweils für mindestens zwei Investitionsalternativen ermittelt, eine „Normalvariante" und eine „Markenvariante", wobei die Differenz den Zusatzumsatz darstellt.

Nutzen der Markeninvestitionsrechnung

Der Nutzen der Markeninvestitionsrechnung ist offensichtlich. Selbst wenn mit Modellannahmen und geschätzten Parametern gearbeitet wird, führen diese Modellrechnungen zu einer signifikant besseren Entscheidungsgrundlage als die Beurteilung „aus dem Bauch heraus" – und versachlichen die Diskussion um größere Investitionen in die Markensubstanz. Denn der finanzielle Nutzen von Markeninvestitionen gibt dem Markenteam überzeugende Argumente zur internen Rechtfertigung seiner Maßnahmen in die Hand. Alternative Maßnahmenkonzepte können nun unter Investitionsgesichtspunkten bewertet werden. Dadurch wiederum kann mit einer höheren Sicherheit die unter monetären Aspekten bessere Alternative ausgewählt werden. Die Aussage, Markeninvestitionen wären quantitativ kaum kontrollierbar, da sie vor allem auf qualitative Marketingziele abstellen, wird fortan zur Ausrede.

7.3 Optimale Verzahnung des Markencockpits

Die wesentlichen Elemente des Markencockpits werden durch ein regelmäßiges Tracking im Rahmen der Markenforschung erhoben. Im Sinne der holistischen Sicht wird dieses Markenerfolgstracking mit anderen Marktforschungsstudien kombiniert, um Doppelabfragungen zu vermeiden und Einsparpotenziale zu nutzen. Denn nahezu jedes Unternehmen führt regelmäßig Kundenzufriedenheitsstudien durch, die sich im Rahmen des regelmäßigen Trackings mit der Markenanalyse nicht nur verzahnen, sondern auch in sie integrieren lassen.

Die Marke als zentrales Wertschöpfungselement des Unternehmens lässt sich bei der Erfolgsmessung in übergeordnete Messmechanismen integrieren: So wird der Markenerfolg mit dem Unternehmenserfolg teilweise schon im Markencockpit selbst verzahnt. Die *Balanced Scorecard*[12] gibt einen Gesamtüberblick über den Zustand des Unternehmens. Sie vereint die Kundenperspektive mit internen Kernkompetenzen insbesondere bezüglich Prozessqualität, -kosten und -zeit, der Mitarbeiterperspektive und die finanzielle Sicht: In ihr finden sich die wesentlichen Elemente des Markencockpits wieder.

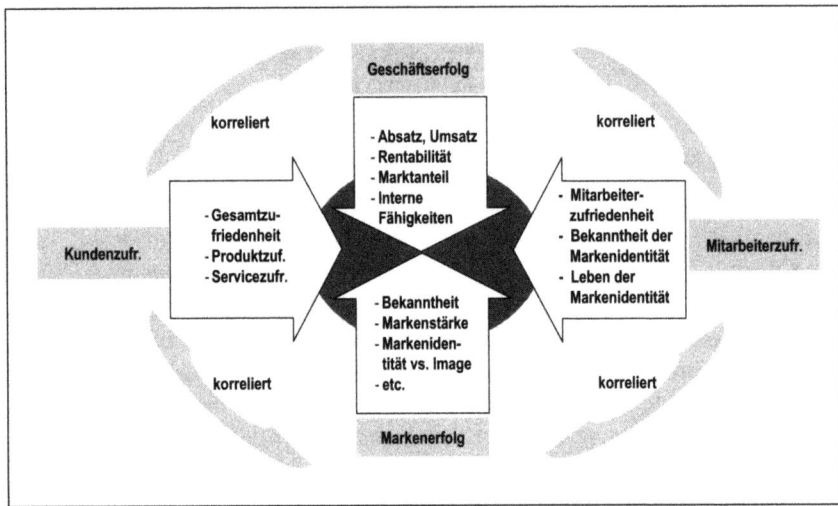

Abbildung 86: Marken-, Kunden- und Mitarbeitersicht in Zusammenhang mit dem Unternehmenserfolg

Wie Kunden- und Mitarbeiterzufriedenheit zusammenhängen, beides den Markenerfolg und dieser wiederum den Geschäftserfolg fördert, kann mit Korrelationen berechnet werden. Dieser Zusammenhang sollte mindestens jährlich gemessen werden, um ihn nachhaltig gedanklich im Unternehmen zu verankern. So schließt sich der Kreis: Mit Zahlen kann man Markenführung intern verkaufen, mit Zahlen weist man den Erfolg der Markenführung nach.

---

12 Vgl. Robert S. Kaplan, David P. Norton, Balanced Scorecard, Stuttgart 1997

Quintessenz

▷ Nur was gemessen wird, wird konsequent gemanagt. Der Markenwert rekrutiert sich aus der Markenstärke, diese aus Werten des Beziehungstrichters und dieser wiederum steht in Zusammenhang mit Markeninvestitionen. Dieser Prozess muss abgebildet werden.

▷ Ein umfassendes Markencockpit enthält ebenso Elemente aus Markt- und Markenforschung wie aus dem Management- und Finanzcontrolling. Das regelmäßig stattfindende Markenerfolgstracking kann problemlos mit regelmäßig durchgeführten Kundenzufriedenheitsstudien verzahnt werden. Interne Einschätzungen zum Markenverständnis der Mitarbeiter können ebenfalls in die regelmäßig stattfindenden Mitarbeiterbefragungen integriert werden.

▷ Vielen Markencockpits haften Schwächen an: Eine starke Outputorientierung, aber zu eng gefasste Inputorientierung, d. h. Beschränkung auf die Erfassung von Kommunikationsausgaben ohne Berücksichtigung der Investitionen in die Markensubstanz.

▷ Markeninvestitionen werden bisher nicht einer Investitionsrechnung, wie z. B. für Anlagen, unterzogen. Ebenfalls erfolgt kein systematischer Vergleich von Marken- mit anderen Investitionen, auch wenn genau dieser Ansatz Markenskeptiker überzeugen könnte.

▷ Ein neuer Ansatz für eine Markeninvestitionsrechnung beinhaltet direkte und differenzielle Markeninvestitionen auf der Ausgabenseite. Differenzielle Markeninvestitionen stellen den Unterschied zwischen einer normalen Investition und einer solchen, die eine Markenstärkung bewirken soll, dar. Auf der Einnahmenseite werden Zusatzgewinne durch die Marke im Sinne von Preis- und Volumenprämien gegenübergestellt, die experimentell ermittelt werden können.

▷ Die wichtigsten Markenerfolgkennziffern gehen in die Balanced Scorecard eines Unternehmens ein. Wie Markenerfolg mit Geschäftserfolg und beide mit Mitarbeiter- und Kundenzufriedenheit zusammenhängen, sollte mindestens jährlich ermittelt werden.

8. Fazit – und was Sie morgen anders machen können

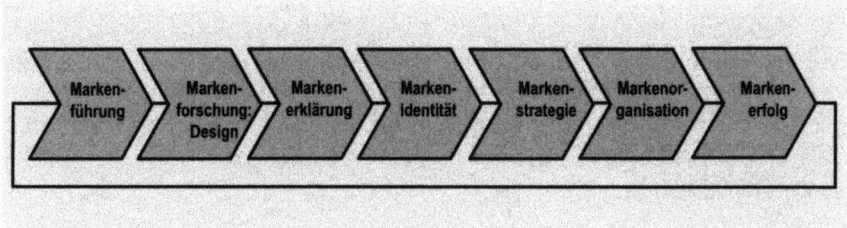

Am Ende dieses Kapitels wissen Sie ...

▷ was in komprimierter Form das Neue an dem im Buch vorgestellten Ansatz zu Methodik, Strategie und Organisation der logischen Markenführung ist
▷ wo Ihr Unternehmen in diesem Prozess steht.

„Es geht um alles."

Horst Priessnitz, Hauptgeschäftsführer Deutscher Markenverband[13]

Das vorliegende Buch hat den Prozess der logischen Markenführung zum Inhalt. Mit der richtigen Kombination von Methodik, Strategie und Organisation lässt sich der Wert der Marke und des Unternehmens nachhaltig optimieren. Anhand der Marke *Charisma* wurden Sie Schritt für Schritt nicht nur theoretisch, sondern auch praktisch durch den Markenführungsprozess geführt. Neu und wichtig an diesem Ansatz ist:

8.1 Der Prozess

- Interne Überzeugungsarbeit und regelmäßige Einbindung der Organisation in das Thema Markenführung sind das „A und O".
- Zahlen sind „Change Agenten": Quantitative Analysen liefern Argumente, zerstreuen Zweifel, erleichtern Veränderung. Zahlen lösen Kreativität aus, statt sie zu behindern.
- Am wichtigsten ist eine solide empirische Grundlage bzw. zu erforschen, was die Stellhebel der Marke sind – es geht darum zu wissen, statt zu glauben. Erst dann kann Kreativität nutzbringend eingesetzt werden.
- Sinnvoll ist die engste Verzahnung zwischen Markenforschung, Strategie und den dazugehörigen Maßnahmen, damit Erkenntnisse verlustfrei und direkt in Markenerfolge umgesetzt werden können.
- Richtig eingesetzt wird die innerbetriebliche Marktforschung zu einer strategischen Funktion. „Richtig" heißt: Ausrichtung der Marke an latenten Wünschen. Diese latenten Wünsche erfordern den Stellenwert von Erfolgsfaktoren indirekt zu erfragen und Phänomene nicht nur zu beschreiben, sondern auch zu erklären. Und die Phänomene anschließend in messbare Handlungsanweisungen zu übersetzen.

---

[13] Anlässlich des Brand Logic Symposiums 2005 in Wien

Der Prozess

- Die optimale Markenidentität zu finden, ist eine der wichtigsten Aufgaben innerhalb der Markenführung. Hierzu braucht es Hypothesen und Modelle, mit deren Hilfe man die Relevanz der einzelnen Markenidentitäten für die Käufer simulieren kann.
- Markenstrategie und Unternehmensstrategie sind wie siamesische Zwillinge untrennbar, deshalb müssen Markenziele aus den Unternehmenszielen abgeleitet werden.
- Markenrelevante Aspekte müssen in die wichtigsten Prozesse des Unternehmens integriert werden: in die Personalführung, den Innovationsprozess von der Forschung bis zum Roll-out der Produkte und in der Leistungssteuerung der Führungspositionen.
- Marken sollen evolutionär, nicht revolutionär weiterentwickelt werden. Eine Markenidentität hat für mindestens zehn Jahre Bestand – bei frischer, spannender, zeitgemäßer Interpretation oft sogar ein Unternehmensleben lang.
- Logisch konsequente Markenführung beinhaltet die in der folgenden Abbildung gezeigten Schritte – wenn diese Reihenfolge verändert wird, entstehen aufgrund von späterem Anpassungsbedarf Ineffizienzen, die Kosten verursachen.

Abbildung 87: Logisch verzahnte Markenführung als Prozess

8.2 Die Strategie

- Markenführung muss nicht viel kosten. Viele Elemente, z. B. das Vorleben der Markenidentität durch die Mitarbeiter, kosten wenig – dafür muss Markenführung aber bewusst gemacht werden.
- Das Markenwahlverhalten eines Menschen verhält sich wie eine zwischenmenschliche Beziehung: zunächst wird erobert, dann gebunden. Auf Basis von emotionalen und rationalen Faktoren sowie mit Design.
- Eine Positionierung soll einerseits im Hinblick auf Emotionalität und Rationalität möglichst ausgewogen und andererseits spannend sein.
- Das Spannungsfeld zwischen einer rationalen oder einer emotionalen Positionierung wird im Produktdesign aufgelöst – Design transportiert Emotionen und ist die äußere Manifestation innerer, funktionaler Werte.
- Design ist mehr als ästhetischer Anspruch, es ist einer *der* wesentlichen Erfolgsfaktoren in B2C und B2B.
- Markensubstanz entlang der Markenidentität ist die langfristige Basis für die Glaubwürdigkeit einer Marke. Marken verführen mit ihrem optischen Markenbild, aber die Markensubstanz schafft nachhaltige Bindung.
- Innerhalb der Markensubstanz wird eine Renaissance der so genannten Hygienevariablen wie Qualität und Zuverlässigkeit erwartet.
- Eine Marke soll immer halten, was sie verspricht. Lieber weniger versprechen und dann die Erwartungen übererfüllen.
- Stärken zu stärken ist viel versprechender, als Schwächen abzubauen, es sei denn, es handelt sich um „Killerkriterien". Denn Menschen mögen Marken primär aufgrund von Stärken, nicht aufgrund der Abwesenheit von Schwächen.
- Produkt- und Dienstleistungsangebote müssen im Sinne der Marke priorisiert werden. Die priorisierten Brand Shaper erfordern eine Vorzugsbehandlung im Unternehmen.

8.3 Die Organisation

- Eine starke Marke erfordert eine holistische Sicht der Markenführung, die das ganze Unternehmen in die Aufgabe einbezieht – und alle verantwortlich macht, die Marke zu stärken.
- Holistisch beinhaltet, dass Markenchampions und ein Markenbeirat die Marke auch außerhalb des Markenteams unterstützen. Und dass markenrelevante Aspekte in den wichtigsten Prozessen des Unternehmens verankert sind.

- Brand Management heißt Change Management. Fachkompetenz im Markenteam muss um interne Kommunikations-, Überzeugungs- und Begeisterungsfähigkeit erweitert werden.
- Je wichtiger die Marke für das Unternehmen ist, desto vorstandsnäher sollte die Markenführung organisatorisch verankert sein. Der Idealfall ist der Markenvorstand.
- Marktforschungsteams fristen oft unberechtigt ein Schattendasein – sie gehören aufgewertet und eignen sich als Kaderschmiede des Unternehmens, indem Informationsdetektive statt Datenhüter entwickelt werden.
- Markenführung gehört in erfahrene Hände und nicht in die Hand unerfahrener Mitarbeiter, die schnell weiterentwickelt werden und diese Position nur als Durchgangsstation sehen. Markenführung braucht Kontinuität.
- Markenführung ermutigt zwar demokratische Diskussionsprozesse, duldet aber keine demokratischen Entscheidungen. Markenführung bedeutet immer Entscheidungen zugunsten der Marke.
- Umfassende Markenführung braucht Zeit. Eine starke Marke wird nicht über Nacht gebaut, aber durch Fehlentscheidungen schnell zerstört.

8.4 Wo steht Ihr Unternehmen?

- Ist Ihrer Organisation der ideelle und monetäre Stellenwert der Marke klar und glaubt diese an die Notwendigkeit professioneller Markenführung? Falls nicht, sehen Sie Markenführung als eine Change Management Aufgabe (siehe Kapitel 1).
- Wissen Sie, wofür Ihre Marke in all Ihren bedeutenden Ländermärkten steht, was sie stärkt, was sie schwächt und wie sich diese Fragen für die Konkurrenz beantworten lassen? Falls nicht, erforschen Sie es (siehe Kapitel 2 und 3).
- Haben Sie eine festgeschriebene Markenidentität? Falls nicht, schaffen Sie Ihre eigene Identität als verbindlichen Markenfilter und leiten Sie sie auf Basis empirischer Erkenntnisse ab (siehe Kapitel 4).
- Wissen Sie, wie relevant diese für Ihren Markt ist und wie gut die Marke ihr Versprechen aus Kundensicht einlöst? Simulieren Sie die Relevanz Ihrer Markenidentität und gleichen Sie dieses Selbstbild mit dem Image ab (siehe Kapitel 4).
- Steuern Sie Ihre Marke lokal, global oder regional? Wissen Sie, ob diese Situation ertragsoptimal ist? Die optimale Steuerung lässt sich ableiten (siehe Kapitel 4).

- Wie wird die Substanz Ihrer Marke nachhaltig gesichert? Wie viel wird in diese investiert? Überprüfen Sie den Anteil der Gelder, der in Markenbild und Markensubstanz investiert wird (siehe Kapitel 5).
- Wollen Sie aktuell Defizite der Marke ausgleichen oder stärken Sie deren Stärken? Defizitausgleichstrategien sind zu überdenken (siehe Kapitel 5).
- Ist das Produktdesign Ihrer Marke ansprechend und einheitlich? Falls es uneinheitlich ist, lassen Sie eine eigene, produktübergreifende Designhandschrift entwerfen (Kapitel 4, 5).
- Liegt die Verantwortung für die Markenführung allein bei der Markenabteilung oder ist sie breiter verankert? Binden Sie die ganze Organisation mit ein (siehe Kapitel 6).
- Wird in Ihrer Organisation der Markenerfolg regelmäßig und umfassend gemessen? Falls nicht, entwerfen Sie ein maßgeschneidertes Markencockpit (siehe Kapitel 7).
- Werden außer den Kommunikationsausgaben Investitionen in die Markensubstanz erfasst? Berechnen Sie den Erfolg Ihrer Markeninvestition (siehe Kapitel 7).

Sinnvolle Antworten auf diese Fragen beanspruchen einen gewissen Zeitraum. Aber Sie können schon jetzt mit einer Veränderung beginnen: z. B. die Organisation in die Markenführung mit einbeziehen, indem Sie

- eine Markengeschichte für Ihre Marke mit allen Berührungspunkten der Marke illustrieren (siehe Kapitel 1),
- mit harten Analysen argumentieren und damit entemotionalisieren,
- bei jeder kreativen Idee der Agentur hinterfragen, wie relevant die Aussage für die Kunden ist.

Fordern Sie die Marktforschungsagentur auf zu erklären, statt nur zu beschreiben. Fragen Sie sich bei jeder anstehenden Ausgabe für die Marke, ob damit Markensubstanz gesichert wird oder „nur" ins Markenbild investiert wird.

Was haben Sie davon? Sie binden Markenskeptiker aktiv ein, setzen nötige Markeninvestitionen leichter um, ernten mehr interne Anerkennung. Die höhere Relevanz der Positionierung Ihrer Marke führt zu höheren Marktanteilen und Preisprämien. Und die Investitionen in Markensubstanz sichern langfristig Ihren Markenerfolg – und auch Ihren persönlichen.

Dass eine Reise von tausend Meilen mit dem ersten Schritt beginnt, haben Sie von Laotse sicherlich schon etliche Male gelesen. Dabei ist die Kunst weniger das Beginnen als das Beharren. In diesem Sinne wünsche ich Ihnen viel Mut zur Veränderung und viel Freude am ersten Schritt!

Weiterführende Literatur

Publikationen zur Marke

Aaker, David und Joachimsthaler, Erich: Brand Leadership, New York, 2000 (ein Klassiker)

Davis, Scott M. and Dunn, Michael: Building the Brand-Driven Business, San Francisco 2002 (dekliniert Aufgaben an den Markentouchpoints durch)

Esch, Franz-Rudolf: Strategie und Technik der Markenführung, München 2004 (allumfassendes Lehrbuch)

Esch, Franz-Rudolf et al.: Corporate Brand Management, Wiesbaden 2004

Gobe, Marc und Zyman, Sergio: Emotional Branding, New York 2001 (Verbindung von Design und Emotion in der strategischen Markenführung)

Lafley, A. G. und Roberts, Kevin: Lovemarks, New York 2004 (über die emotionale Aufladung von Marken)

Moser, Mike: United we brand, Boston 2003 (pragmatisches Arbeitsbuch, wie man eine erfolgreiche Marke kreiert)

Riesenbeck, Hajo und Perrey, Jesko: Mega-Macht Marke (analytische Betrachtung von Marken), Frankfurt/Wien 2004

Schmidt, Klaus: Inclusive Branding, München, 2003 (ganzheitliche Markenführung)

The Economist (Hg): Brands and branding, Princeton, NJ, 2004 (verschiedene Essays)

Inspirierendes aus Nachbardisziplinen

Backhaus, Klaus et al.: Multivariate Analysemethoden, Berlin 2003 (leicht verständliches Buch über komplexe Statistik)

Bieta, Volker und Siebe, Wilfried: Spieltheorie für Führungskräfte, Wien 1998 (was Manager vom Militär lernen können)

Collins, Jim: Good to Great, New York 2001 (was hervorragende Unternehmen von guten unterscheidet)

Greene, Robert: Die 24 Gesetze der Verführung, München 2004

Häusel, Hans-Georg: Brain Script, Freiburg, 2004 (Aktuelles aus der Hirnforschung auf das Marketing übertragen)

Hill, Dan: Body of Truth, Hoboken, NJ 2003 (wie man die Wahrheit von Kunden erfährt)

von Ghyczy, Tiha et al., Clausewitz on Strategy, New York 2001 (Weisheiten des preußischen Generals auf unternehmerische Strategien angewandt)

Zanetti, Daniel: Kundenverblüffung, Frankfurt am Main 2005 (Erwartungen übererfüllen)

Glossar

100-Punkte-Frage: Bezeichnet die Frage, wie viele Punkte eine zu bewertende Marke vom Befragten bekäme, wenn eine ideale Marke 100 Punkte besäße.

Bestimmtheitsmaß: Ein Maß, das zwischen 0 (kein Zusammenhang) und 1 (perfekter Zusammenhang) liegt und angibt, wie hoch der Anteil des durch das Modell erklärten Antwortverhaltens ist – dies entspricht dem quadrierten Korrelationskoeffizienten. Hier: eine Maßzahl für die Relevanz der Markenidentität für die Markenstärke.

Brand Management: Siehe Markenführung.

Change Management: Das Management von Veränderungsprozessen in einer Organisation.

Clusteranalyse: Ein statistisches Verfahren, welches Objekte so gruppiert, dass sie innerhalb von Gruppen (Cluster) möglichst ähnlich sind, die Cluster allerdings möglichst unähnlich.

Conjoint-Analyse: Mithilfe der Conjoint-Analyse werden Präferenzurteile von Konsumenten erklärt. Hierbei wird der Beitrag einzelner Merkmale zum Gesamturteil berechnet.

Designphilosophie: Hier: ein Design, das sofort gefällt („gefälliges Design") – in Abgrenzung zu einem, an das man sich erst gewöhnen muss („gewöhnungsbedürftiges Design").

Erfolgsfaktor: Hier: Erfolgsfaktoren für die Markenstärke sind solche, die die Marke nachweislich stärken.

Erwägermodell: Hier: Ein Strukturgleichungsmodell auf Basis der Erwäger der abgefragten Marken.

Faktor: Ein Faktor ist ein hypothetisches Konstrukt, das sich nicht eindeutig messen lässt bzw. das operationalisiert werden muss.

Faktoranalyse: Die Faktoranalyse bündelt bzw. verdichtet Variablen zu übergeordneten Konstrukten bzw. Begriffen.

Indikator: Indikatoren dienen der Operationalisierung latenter Konstrukte, d. h. Faktoren.

Indirekte Befragung: Es werden Fragen gestellt, die vordergründig für den Befragten keinen erkennbaren Zusammenhang mit dem interessierenden Sachverhalt aufweisen. Diese Befragungsart wird insbesondere bei Themen eingesetzt, über welche die Befragten nicht gerne reden, wie z. B. Tabuthemen. Im Fall der im Buch vorgestellten Analyse werden Stellenwerte von Kriterien errechnet und nicht direkt abgefragt.

Kauftrichter: Der Kauftrichter umfasst die notwendigen Verhaltensstufen auf dem Weg zum Kauf: Bekanntheit, gute Bekanntheit, Erwägung oder Interesse, Präferenz.

Kausal: Ursächlich zusammenhängend.

Kausalmodell: Siehe Strukturgleichungsmodell.

Korrelation: Eine Korrelation ist eine Beziehung zwischen zwei oder mehr Variablen. Sie kann positiv oder negativ sein.

Korrelationskoeffizient: Eine Maßzahl für die Stärke des Zusammenhangs zwischen Variablen. Die Korrelation r schwankt zwischen -1 (perfekter negativer Zusammenhang) und 1 (perfekter positiver Zusammenhang). Der quadrierte Korrelationskoeffizient heißt Bestimmtheitsmaß.

Markenführung: Die Entwicklung und Betreuung einer Marke mit dem Ziel des langfristigen finanziellen Markenerfolgs durch positive Abgrenzung von der Konkurrenz.

Markenforschung: Marktforschung rund um die Marke selbst, in Abgrenzung zu Produkt- oder Kanalforschung.

Markenidentität: Das angestrebte Selbstbild einer Marke, welches es mit dem Image in Übereinstimmung zu bringen gilt. Eine Markenidentität hat einen Kern, die Markenmission, sowie Markenwerte, die in ihrer Kombination die Marke von der Konkurrenz abgrenzt.

Markeninvestition: Investitionen in die Marke. Sie umfassen direkte Investitionen, wie z. B. Kommunikation, sowie differenzielle Investitionen, wie z. B. den Einsatz höherwertiger Produktkomponenten.

Markenmanagement: Siehe Markenführung.

Markenstärkeindex: Ein Faktor bzw. mehrdimensionales Konstrukt an Indikatoren, das in seiner Gesamtheit hoch mit dem langfristigen Markenerfolg korreliert.

Markensubstanz: Alle Einflussfaktoren, die helfen, das Markenversprechen einzulösen, und unter der Oberfläche bestehen, z. B. bei Produkten qualitativ hochwertige Teile oder flächendeckender Service.

Marken-RoI: Der Return-on-Investment (Rendite auf Investitionen) für Markeninvestitionen.

Markenmodell: Auch: Erwägermodell.

Marktforschung: Analysen der Informationen über den relevanten Markt, oft mithilfe von Befragungen der (potenziellen) Kunden.

Marktmodell: Hier: Ein Strukturgleichungsmodell auf Basis der guten Kenner der abgefragten Marken.

Messmodell: Dieses Modell bildet die Beziehungen des Faktors zu den Indikatoren ab.

Misserfolgsfaktor: Hier: Misserfolgsfaktoren für die Markenstärke sind Themen, welche die Marke nachweislich schwächen.

Multivariate Verfahren: Statistische Verfahren, welche die Abhängigkeiten verschiedener Variablen (mindestens drei) untersuchen. Man unterscheidet Strukturen-entdeckende und Strukturen-überprüfende Verfahren.

Nichtkundenmodell: Hier: Ein Strukturgleichungsmodell auf Basis von Nichtkunden der untersuchten Marke.

Normalumsatz: Hier: Der zu erzielende Umsatz ohne Investition in die Marke.

Operationalisierung: Mithilfe der Operationalisierung wird ein theoretisches Konstrukt, das nicht eineindeutig gemessen werden kann, messbar gemacht, d. h. in Indikatoren „übersetzt".

Positionierung: Die Profilierung der eigenen Marke im Vergleich zum Wettbewerb.

Post-Test: Ein Werbe-Post-Test analysiert *nach* Einsatz des Werbemittels, ob die angestrebten Ziele erreicht wurden.

Preisforschung: Der gewinn- und umsatzoptimale Preis wird in der Preisforschung oft mittels Conjoint-Verfahren festgelegt. Dabei wird die Preis-Absatzkurve ermittelt.

Pre-Test: Ein Werbe-Pre-Test eruiert die Wirksamkeit eines Werbemittels, *bevor* dieses eingesetzt wird, z. B. in einem Kampagnentest.

Präferenz: Bevorzugung. Hier: Der letzte Verhaltensschritt im Kauftrichter vor dem Kauf.

Preisprämie oder auch Preispremium: Bereitschaft zur Zahlung eines Preisaufschlags relativ zu vergleichbaren Konkurrenzprodukten oder unmarkierten Produkten.

Regressionsanalyse: Eine statistische Analyse, welche die Wirkzusammenhänge zwischen einer abhängigen und einer oder mehreren unabhängigen Variablen beschreibt und erklärt.

Relative Markenstärke: Markenstärke im Vergleich zum (nächst)besten Konkurrenten. Sie hilft, kulturelle Unterschiede im Antwortverhalten zwischen Ländern zu kalibrieren.

Relevanter Markt: Er umfasst alle Marktteilnehmer, die mögliche Nachfrager der Marke sind.

Relevanz der Markenidentität: Bezeichnet die Höhe der Beeinflussungsmöglichkeit der Markenstärke durch die Markenidentität.

Repräsentativität: Eine Stichprobe ist dann repräsentativ, wenn die Verteilung der interessierenden Merkmale (z. B. Altersgruppen, Ortsgröße) der zu repräsentierenden Grundgesamtheit entspricht. Nur bei repräsentativen Stichproben kann man von Stichprobenergebnissen direkt auf die Grundgesamtheit schließen.

Retropolieren: Von einem Ziel „zurückrechnen", im Gegensatz zu „extrapolieren".

Sozial erwünschte Antworten: Antworten von Befragten, die nicht ehrlich, sondern einer angenommenen, sozialen Norm entsprechend antworten.

Strukturgleichungsmodell: Ein solches überprüft komplexe Kausalstrukturen. Es kombiniert, vereinfacht ausgedrückt, eine Regressionsanalyse (Beziehung zwischen den Faktoren) mit einer Faktoranalyse (Beziehung zwischen Indikatoren und Faktor).

Strukturmodell: Ein solches stellt die Beziehung zwischen Faktoren her.

Transferraten: Diese bezeichnen die prozentuale Umsetzung von einer Stufe des Kauf- oder Beziehungstrichters auf die nächste, z. B. von der Erwägung auf die Präferenz.

Die Autorin

Dr. Christine Wichert, Jahrgang 1964, ist Gründerin und Inhaberin der Schweizer Firma Logibrand, die sich auf die quantitativ orientierte Beratung für Markenführung spezialisiert hat. Sie erwarb an der University of Wisconsin ihren Master of Business Administration mit Schwerpunkt Marketing und promovierte anschließend in Ökonometrie an der Universität Frankfurt am Main.

Während ihrer folgenden Tätigkeit als Unternehmensberaterin bei der Boston Consulting Group in München und Seoul, Korea, lernte sie zahlreiche Branchen im In- und Ausland kennen und fokussierte sich auf strategische und organisatorische Fragestellungen. Anschließend leitete sie bei der BMW Group die internationale Markt- und Trendforschung für alle Konzernmarken, führte bei Airbus in Toulouse die Marke als Vice President Brand & Image und baute bei der Hilti AG in Liechtenstein das internationale Brand Management auf, wonach sie sich für die Selbständigkeit entschied. Insbesondere Premium-Marken und B2B-orientierte Geschäftsfelder interessieren sie. Logibrand bietet methodische und inhaltliche Unterstützung entlang des gesamten Markenführungsprozesses, vom internen Verkaufen der Markenidee über das Finden der optimalen Markenidentität sowie markenspezifischen Trainings, an. Der Schwerpunkt liegt in der Schnittstellenoptimierung von Markenforschung und Strategie.

Christine Wichert ist Autorin zahlreicher Fachbeiträge von „Absatzwirtschaft" bis „Thexis" und häufige Referentin marken- und marktforschungsspezifischer Beiträge bei Konferenzen und Seminaren im In- und Ausland. Falls Sie Fragen oder Anregungen haben, Kritik üben oder einfach Feedback geben möchten, nehmen Sie gerne Kontakt auf!

Dr. Christine Wichert
Logibrand
CH-9442 Berneck/St. Gallen
Telefon und Fax: +41-71-7401173
Mobil: +41-79-8158180
wichert@logibrand.com
www.logibrand.com

MIX
Papier aus verantwortungsvollen Quellen
Paper from responsible sources
FSC® C105338

If you have any concerns about our products,
you can contact us on
ProductSafety@springernature.com

In case Publisher is established outside the EU,
the EU authorized representative is:
**Springer Nature Customer Service Center GmbH
Europaplatz 3, 69115 Heidelberg, Germany**

Printed by Libri Plureos GmbH
in Hamburg, Germany